中島政希評論集 II

平成の保守主義

中島政希

平成の保守主義

はじめに

本書は、私がこの十数年ほどの間に書いた諸評論のうち、『鳩山民主党とその時代』（中島政希評論集Ⅰ）に収録しなかったものを主題別に再編集したものである。「補章」以外は、いずれも執筆当時のままの内容で加筆修正はしていない。是非、日付を考慮しながらお読みいただきたい。

二十世紀末から今日までの十数年は、海外では、米国が九・一一テロを経てアフガン、イラクに侵攻し、実りの少ない対テロ戦争にのめりこんでいくのを尻目に、中国が経済的軍事的に大きく台頭してきた時期にあたる。国内では、自民党への対抗勢力として民主党が徐々に勢力を拡大していく時期であり、冷戦後の時代環境の中で、戦後日本の政治制度的欠陥が随所で露呈し、統治システムに動揺を来たした時代といえる。

本書の第一章は、この間の国際的国内的出来事に遭遇したときの私の率直な感想をつづったものだ。

私は、対米協調主義者ではあるが、この時期の米国の行動にはかなり批判的だった。とくに中東地域に軍事的に介入することは、問題の解決にならないだけでなく、米国の力を消耗させ、世界秩序の維持能力を低下させてしまうのではないかと強く懸念した。その懸念は正しかったと思う。

オバマ政権は、すでに今年末までのイラク駐留軍の完全撤退を表明している。また、六月にはアフガニスタンからも漸次撤退していく方針を発表した。これらの諸国にしっかりした秩序が形成されたからではない。見通しの立たないイラク、アフガンの状況に「疲れた」からと看做されても仕方がない。

アフガンからソ連が撤退した時と同じように、米国の撤退も、それがキリスト教文明に対するイスラムの勝利として受け取られ、イスラム原理主義者を鼓舞する結果を招きかねないことを恐れる。

いったいあれは何のための戦争だったのか、改めて首を傾げざるを得ない。シュレジンジャー(『アメリカ史のサイクル』)によれば米国政治は三十年ごとに外向きになったり内向きになったりするのだというが、米国の歴史では時々こういうことが起こる。だから、心して付き合わなければならない。

世界の軍事費の半分近くを占める米国の軍事力はなお強大であり、経済的存在感もいまだ巨大なものがあるが、イラク、アフガンでの失敗や金融危機によって、徐々に影響力を低下させつつあるのも事実だ。

中国、インド、ブラジルといった面積も人口も巨大な国家が高度経済成長を遂げて大国化したことで、日本の存在感は低下せざるを得ない。特に中国の経済的軍事的台頭は、日本にとって悩ましい問題だ。中国の自国本位の振舞に日本国民のナショナリズム感情が刺激され、抜き差しならない事態を招かないとも限らない。他方で両国の相互依存関係はますます深化し、今や日本の貿易相手国は米国に代わって中国が第一位となっている。

覇権国家であり続けようと苦闘する米国、覇権国家たらんと野心を燃やす中国。日本はこの両大国の狭間で、どうすれば政治的経済的自立を全うすることができるのだろうか。自力の核や空母を持つというのは国際的国内的制約から困難だろう。中国への対抗を意識するあまり日米同盟を神聖化してしまうというのも国益に反する。米国が常に正しい判断をするわけではない。鳩山前首相の東アジア共同体構想は一つの解答例だが、まだ現実に踏み出したわけではない。

第二章、第三章は、地方分権と政党政治重視の視点からの制度改革論である。

自民党政権は倒れたが、戦後自民党政権下で作り上げられてきた統治構造は、簡単には変えることは出来ない。利益集団と官僚機構が結びついた統治の慣習は強固なものがある。福島原発事故で露呈した「原子力村」と類似した政官業の癒着構造は、日本の政治行政経済構造のあらゆるところに存在し、ほんのわずかの現状変更にも強く抵抗し、民主党政権を立ち往生させている。戦前の司法部の色彩を色濃く引き継いだ検察権力と小沢一郎氏の抗争もその明快な一例だ。

第四章は、日本の伝統と、その中核である皇室制度について論じている。

この時代は皇統の危機が深刻化した時期でもある。皇室に長らく親王がお生まれにならない状況下で、小泉政権ではついに女系天皇への道を選択するに至った。これに対して、旧皇族の復帰により、あくまでも男系による継承を目指すべし、との厳しい反対論が生じた。平成十八年九月に秋篠宮家に悠仁親王がご誕生となったことから、この論争は一応終息した。

しかし次世代の皇室に男系の男子は悠仁親王おひとりのみであり、皇統の危機が去ったわけではない。皇室の尊重は保守主義者の共通の関心事であり、安定的に皇位が継承される道を確立することは平成の保守主義の最大の使命と言わなければならない。

第五章は、私の政治的系譜と題して、石橋湛山、石田博英、田中秀征について書いたものを収録した。

いずれも戦後保守政治では異色の政治家であり、思想性の高い人たちだ。私は彼らを尊敬しているし、彼らの弟子であることを心から誇りとし、政治活動の支えとしてきたが、所収の論考中には、いささか批判的評言も含まれている。これは一政党政治史研究者としての客観的な意見であり、ご海容いただきたいところだ。

第六章と第七章は、折に触れて書いた政治家論である。政治におけるリアリズムの重要性を認識しながら、ときに理念過多で失敗する。それが私の政治人生だった。だから志高く戦い、敗れた人びとへの関心と共感が強い。

私は陽明学徒の端くれを以って任じている。それは、知識は行動と一致してこそ意味があり、「何を為したか」より「何を為そうとしたか」を重しとする思想だ。石田博英から聞いた石橋湛山は、今言われているような孤高の哲人政治家ではなかった。大酒飲みで、恐妻家で、多少おっちょこちょいな知行一致の行動人だった。

「いくら人格が立派で知識、見識があっても、あのトラックの上に乗って、選挙運動をする勇気のないやつはだめなんだ」

これは私が一番好きな湛山語録である。

平成二十三年八月十八日

中島政希

目次

はじめに

第一章　世界史の中の日本

ミズーリ号艦上で降伏文章に調印する重光葵外相

写真提供：共同通信社

新世紀の「日本文明」

平成十二年十二月二十日

「日本文明」の絶頂期

二十世紀の日本は一言で言うと、「量的拡大の世紀」であった。生産力も人口も共に目覚ましい拡大を続けた。言い換えるとそれは、近代化ということである。

近代化とは、近代的諸制度を取り入れるだけでは決して成功しない。それを支える精神が必要であり、マックス・ウエーバーはそれをエートスと言った。日本が明治の改革を達成しえた背景に、江戸時代あるいはそれ以前の時代からの歴史的経験と成熟があったことは、今や内外の研究者によって広く認められている。

官僚制度も金融制度も投票制度も教育制度も、単に欧米から輸入されただけではなく、それに似たシステムが既に存在し、それを運営する経験、それを支えるエートスが、明治以前に存在していたということだ。

それ故にこそ、サミュエル・ハンチントンは、われわれの歴史を「日本文明」と名づけ、一つの国が一つの文明圏をなす特殊な文明と定義したのである。

非白人、非キリスト教文明圏で、植民地化を免れ、近代化を達成し、議会制民主主義を確立して、欧米先進国家に伍した国は、日本以外にはない。それはサミットのメンバー国を思い浮かべて見れば良くわかるであろう。

二十世紀は疑いもなく日本史において、最も輝かしい、偉大な成功の世紀であり、日本文明の絶頂期であったと言ってよい。

衰退への予感

二十世紀の日本文明は世界最強の製造業を作り上げ、世界経済の一五%を占める豊かな経済社会を実現した。しかし成功した文明が全てそうであったように、その成功の故に、その成功を推進し、支えたエートスが崩壊しようとしている。世紀末日本を象徴する流行語は「モラルハザード（道徳崩壊）」であった。

増大しつづけた人口も二〇〇七、八年頃から減り始める。二十世紀の日本は毎年約八十万人ずつ人口が増加する社会だった。しかし二十一世紀は毎年約六十万ずつ人口が減っていく国になる。毎年高崎と前橋を合わせたよりも多くの人口が消えていくのだ。そして百年後には、日本人は六千数百万人になり、ほぼ明治初年の規模に戻ることになる。三十年後の日本は三人に一人が六十五歳以上の超高齢化社会になる。この趨勢を回避する有効な手段はない。

二十一世紀を迎えた今日、日本文明が、爛熟から衰退の時代に入ったのだ、という予感にとらわれているのは私だけではあるまい。

新世紀の日本は、「量的拡大の時代」から「質的充実の時代」に転換していかざるを得ない。大学も、病院も、農地整備も、工業団地の造成も、年々拡大するのが当たり前だった時代は終わる。大学に入る人も、農地を耕す人も、製造業に従事する人もどんどん減っていくのだ。

われわれは否応なく質の充実を図る方向で、経済成長を持続していく時代に入る。この新世紀を、これまでの惰性の政治のままで乗り切っていけると考える人は、余程楽観的な精神の持主といわねばならない。

財政危機との戦い

文明の衰亡は直線的に、急激に進むこともあれば、一時的な復活を繰り返しつつ、螺旋的に、ゆっくりと進むこともある。

ローマもベネチアもそうだったように、衰退する文明に何よりも特徴的なのは慢性的な財政危機との戦いだ。それを克服できれば、文明はある程度持続できる。破綻状態の財政をそのままにして、文明が再生した歴史は存在しない。

内政の課題は明白である。「財政の再建」こそ、二十一世紀初頭の最大の政治課題である。日本が抱える累積債務は今年度末で六四二兆円であり、単年度の赤字は約三〇兆円にも上る。これほどの規模の財政赤字は世界史上でもほとんど類がない。

人口減が始まるまでの、これからの数年は極めて大事な時期になる。規制改革と行財政改革を推進し、新しい経済成長構造を創りだし、持続可能な国家財政を再建して、年金制度等を確かなものとして再確立しなければならない。

財政改革は日本経済再生の結果でなく、その前提なのである。政官業の癒着した政治経済構造をそのままにして、いくら景気対策に金を注ぎ込んでも、あたらしい成長構造は生まれない。今の制度のままでは、二％の経済成長が回復してもそれで増える年間の増収はせいぜい三兆円にすぎない。痛みを伴う改革なしで、高度成長が再現し、自然増収で赤字財政も解消する、というのは全くの夢物語である。

こうした幻想を振りまく無責任政治に一日も早く終止符を打ち、質的充実の時代を担う新しい責任政治を実現しなければならない。

自立的な外交能力の確立

二十一世紀最大の外交課題は、日本にとっても、世界にとっても、中国問題となるだろう。軍事的にも経済的にも巨大化し、覇権国家になった歴史を持ち、再びそうあろうという意思を持つ中国とどう向かい合っていくか、日本も世界も思い悩むことになるだろう。

これからも東アジアは依然として世界の成長センターと発展しつづける。そして米国の国益からしても、依然としてそのプレゼンスは無視し得ない大きさで継続する。東アジアは中国とアメリカという、それ自身が世界と言ってもよい自己完結性の高い、巨大な文明の接点である。

日本は、自己の文明的後背地として東アジア諸国との連携を深め、ここを両文明の緩衝地帯とするために政治的リーダーシップを振うことが強く期待されている。日本がそうした役割を担えないなら、東アジアは、両文明の激突する闘技場となる恐れがある。

日米安保条約は、単に米国の世界戦略に一方的に奉仕する性格のままでは、もはや継続し得ないであろう。東アジアの安定のために、日本独自の国益観に立って運用しうるよう再定義することが必要な時期に来ている。それが米中両文明の共存を実現する道でもある。

だから二十一世紀の日本に必要なのは「自立的な外交能力」を確立することだ。謙虚にしかし毅然として発言できる高度の外交能力をもった政府を創れるか。これは日本文明の持続性を占う、なによりの試金石である。

さもなければ、引き裂かれた脆弱な文明として日本は衰亡していくだろう。米中両文明の狭間で、米国派と中国派の二大政党が争うような政治状況の出現は、二十一世紀の日本にとって最大の悪夢に他ならない。

苦闘する政治の世紀

歴史に明らかなように衰退の世紀とは、衰亡を食い止めようと苦闘する政治の世紀なのだ。日本は、これから始まる長い衰退の世紀を、誇り高い衰亡の叙事詩として世界史の中に留めるために、力強く品格ある政治指導力を必要としている。

かつてキッシンジャーは言った。「あらゆる文明は必ず衰亡する。しかし政治家は、それを知りつつも、その衰退を食い止めるためのささやかな努力をやめるわけにはいかないのだ」と。

政治家の見識と覚悟をこれほど見事に表現した言葉を知らない。私は自らが担わなければばならない時代の困難と使命の重大さに思いを致すとき、密かに戦慄さえも覚える。

新世紀を指導する政治家は、それがいかに困難だとしても、日本文明のエートスを再鋳造する決意で臨まなければならない。

鳩山由紀夫氏が「財政再建」「自主外交」とともに「憲法改正」を掲げているのは、示唆的だ。日本が直面する内外の環境がこれほど大きく変化しようとしている時代に、新たな国の仕組み、国の生き方を真剣に考えようとする人ほど、彼の問題提起を真剣に受け止めざるを得ない。

鳩山さんは戦後の惰性の中で衰弱した、日本文明のエートスを、新たな憲法創りの国民的協働の中で再生しようと決意しているのだろう。私はその志を多とし、全力で応援していく決意である。

後方支援と集団的自衛権

平成十三年九月二十九日

小沢一郎自由党党首は、米国によるテロリスト報復戦争への自衛隊の後方支援について「これは集団的自衛権の行使そのものだ」と言っている。私も今回の後方支援新法は明らかに集団的自衛権の発動だと考える。「自衛隊は軍隊でない」と言うのと同じように、「後方支援は集団的自衛権の行使に当たらない」と言うのは、日本国内にだけ通用する詭弁である。

「日本は集団的自衛権を保有しているが行使できない」という今の憲法解釈を続けようとすると、実際上の必要性から「後方」の概念をどんどん拡大していかざるを得ない。どこの国が見ても集団的自衛権の発動と見なされる行動が、日本の国内だけでは「これは後方支援だから憲法の禁止する集団的自衛権には当たらない」と説明され、罷り通る。

護憲主義者はこれで満足かもしれないが、こういう政治的なご都合主義は、日本人の知的退廃を招き、政治から健全なリアリズムを奪うもととなる。また「日本政治の言葉」について侮りをかい、外国の信頼を失うもととなる。

鳩山由紀夫氏の言うように、憲法を改正し、集団的自衛権の保有と限定的行使の方針を明記するというのが本筋だろうが、この際は現実的に対応し、国会決議あるいは政府声明の形で、憲法解釈を変更することが望ましい。

尤もほとんどの人にとって集団的安全保障とか、集団的自衛権とかいっても何のことやら訳がわからないだろう。

集団的安全保障とは国連のことで、国連軍による平和維持をさす。ところが国連常設軍は国連創立半世紀を経た今も存在しない。だから集団的安全保障は現実には機能したことはない。また予想される将来においてもその実現は難しい。朝鮮戦争の国連軍と湾岸戦争のときの多国籍軍を集団的安全保障の顕現と言えないことはないが、かなり問題がある。

集団的自衛権とはいわゆる軍事同盟のことで、同盟の一つの構成国への攻撃をその他の構成国への攻撃と見なして共に戦う権利のことを指す。

あらゆる独立国は国際法上の自然権として、個別的自衛権と集団的自衛権を保持している（国連憲章五十一条）。日本ももちろん例外ではない。日米安保条約も前文で「両国が国連憲章に定める個別的又は集団的自衛の固有の権利を有していることを確認し」と唱っている。

しかし、七〇年代以後の歴代政府の解釈では（憲法解釈権は内閣法制局の専権のようになっていて問題なのだが）「日本は国際法上の権利として集団的自衛権を保持しているが、憲法上の制約から行使することはできない」としてきた。

これは、五十五年体制下の国会で、自衛隊違憲、安保条約反対を唱える社会党の追及に苦労してきた自民党政権の、安保論議による国内的亀裂を最小に抑えたいとの政治的志向を背景にして、内閣法制局が考え出した解釈である。米軍が共産圏との戦争を始めたときに「日本が巻き込まれる」ことを心配する社会党など左派勢力を宥めるために考案された、優れて国内的配慮の産物であった。

冷戦が終了し、国際環境と国際紛争の形態が大きく変化したにもかかわらず、政府も与党も野党もこの法制局解釈に呪縛されて今日まできた。

私は一昨年に周辺事態法いわゆる日米新ガイドライン関連法制が成立したとき、「これは解釈改憲によって、集団的自衛権を限定的に認めたものだ、国民に率直にそう説明すべきだ」と主張し、選挙のときのアンケートでもそう書いた。それを見て中には「集団的自衛権を認めるとは怪しからん」などと、見当はずれの批判をしてきた人もいた。

周辺事態法制定に際して、政府（内閣法制局）は、米軍による軍事行動を後方と前方に分け、後方支援は集団的自衛権ではない、とする集団的自衛権についての新（珍）解釈を発明した。憲法が集団的自衛権の行使を禁止しているとするこれまでの（内閣法制局の）憲法解釈と辻褄を合わせるために考え出されたもので、これほど自他を欺く議論はない。

後方支援も立派な集団的自衛権の行使である。大体現代の戦争を前方と後方に線引きすることなど不可能だ。日本が後方支援として運んだ食料を米兵が食べて戦うのだし、後方支援として傷病兵を日本国内の病院で治療して再び前線に送り出すのだから、戦闘行為に参加しているのと同じことだ。こちらが「これは後方支援ですので、お宅に対して集団的自衛権を行使している訳ではありません」と言っても、相手が「はい、そうですか」と納得するわけがないだろう。

冷戦後の国際環境の中で、もはや日本が純粋に非軍事的存在であり続けることは出来ないし、それは国際社会にとってもマイナスだ。日本は国際秩序の維持に応分の負担を引き受けずに済ますことは出来ない。このことははっきりしている。

小沢一郎氏は、日本が海外に自衛隊を派遣する時には国連決議が必要だとしている。要するに、結果としては同じ米軍への後方支援を行うとしても、集団的自衛権の発動としてではなく、集団的安全保障の発動であるかのような体裁を採るべきだとの認識のようである。これはこれで傾聴に値する一つの意見だ。

しかし、私は国連をそれほど公正で神聖な機関だとは思っていない。国連は大国間の剥き出しの利害が相克する修羅場だ。一つの決議には買収、供応、様々なロビー活動が不可欠だ。米国にはそれを徒労とする思いが強い。また東アジア地域で紛争が生ずるとすれば、必ず米中露の常任理事国間の利害が絡み、当該紛争に対して国連が迅速に決議し、一致して行動することはおそらく不可能だろう。

一朝事ある時の展開を前提とした米軍のプレゼンスと、その場合の日本ができる米国への支援策を平時から検討しておくことが、現実的な選択肢であろう。もちろんその支援策つまり集団的自衛権の行使の具体的内容については、敗戦国家としての抑制があって当然だし、米国もアジアもそう思っている。そうした平時の心構えがあってこそ、いざと言うとき米国にも然るべく物が言えるのだ。

小泉首相は現に集団的自衛権を行使しているのであり、この機会に政治家としての責任において、憲法解釈を変更し、国民に事実を説明する責任がある。

優雅なる衰退への道

平成十六年一月二十九日

もう四半世紀余も昔のことだが、「宇宙戦艦ヤマト」というアニメがあった。

西暦二一九九年、異星人ガミラス帝国の攻撃で地球上はことごとく放射能で汚染され、人々は地下に逃げ延びて抵抗を続けていた。人類滅亡まであと一年というとき、一四万八千光年のかなたにあるというイスカンダル星から、放射能除去装置コスモクリーナーを取りに来るようにとのメッセージが届く。そこでかつての戦艦大和を改修し、メッセージとともに届けられた時空をこえる（ワープ）ための波動エンジンを取り付け、勇敢な主人公たちが遥かイスカンダルに旅立つ。

宇宙戦艦ヤマトは幾多の困難を経て、ついにイスカンダルにたどり着く。そのときヤマトの戦士たちが見たのは、緑の大地に延々と続く墓の群れだった。そこにはこの星でただ一人生き残った女王スターシアが待っていた。

実は、イスカンダルとガミラスは隣同士の双子星だった。そして両者とも星としての寿命が尽きようとしていた。イスカンダルは自らの衰亡の運命を甘受し、美しく静かに滅び行く道を選んだのだった。一方ガミラスは、滅亡の運命に抗して、他星への侵攻の道を選び、醜く果てしない戦いの日々に生きることとなったのだった。

当時文明論に凝っていた私は、このアニメの結末にいたく感じ入った。そして日本も（私はナショナリストなので「地球は」といった議論は想像力が及ばない）、やがてイスカンダルの道かガミラスの道かを選ばなければならないときがくるのではないかと深刻に思い悩んだものだ。

厚生省の人口問題研究所の予測するところによると、現在の出生率のままで行くと、一億二七〇〇万人の日本の人口は、西暦二〇〇七年から減少に転じて、二〇五〇年には約一億人に、二一〇〇年には約六七〇〇万人に半減する。まだその先がある。二五〇〇年には三〇万人に、三〇〇〇年には五〇〇〇人に、そして三五〇〇年にはついに一人に……。

そんな先の話はともかく、二一世紀の日本が人口減少社会になることは間違いない。二〇世紀の日本は毎年八〇万人ずつ人口が増大していく社会だったが、二一世紀の日本は、毎年六〇万人ずつ人口が減っていく社会になる。未曾有の時代に入るといってよい。

人口減少社会への対応は、理論的には二つの方向が考えられる。一つは人口の自然減を外国人労働者によって補っていく道である。年間数十万人にも及ぶ外国人労働者や移民を受け入れ、生産活動に従事してもらう。外国人は、はじめは「労働力」としてやってくるが、やがては「日本国民」としての処遇が当然求められるようになる。当面は現在でも人手不足の土木、農林業、介護など分野が、外国からの単純労働力によって支えられることになる。やがては、行政や教育、警察、消防の分野まで広く外国人に門戸を開くことが迫られようし、原日本人と同様な労働条件や社会保障が必要になる。その「必要」を満たすために、更なる拡大が求められ、それが海外からの一層の労働力供給圧力となる。

これは日本が、アメリカのような移民国家、多民族国家になることを意味している。経済的活力は維持され、国際社会における政治、軍事、経済的地位も重きを失わない。しかし「日本的なるもの」は希薄化し、在日諸民族間の差別や対立、治安の悪化、階層格差の拡大は、予想に難くない。

もう一つの選択肢は、人口の減少にあわせて国の仕組みを作り直していく道だ。今の日本という国の仕組みは、すべて人口増加が継続することを前提に組み立てられている。人口の自然減を日本文明の成熟がもたらした避けがたい趨勢と受け止め、日本という国の仕組みを社会制度から生活様式にいたるまで見直し、人口増を前提とするものから人口減を前提とするものに改革していく。当然生産力は低下し、国際社会における相対的地位も低下していく。しかし、日本の固有の文化や伝統は維持され、単一民族国家としての安定した社会秩序のなかで、ゆとりある生活環境を作り上げることも可能となる。

大正期に、『東洋経済新報』に拠った三浦銕太郎や石橋湛山は「小日本主義か大日本主義か」という問題の立て方をした。これは当時としては望ましい時代の趨勢と考えられていた植民地帝国への道を否定的に捉え、固有の領域内で軽武装の経済国家としての発展の道を提起したものだった。人口減少時代にどう対応するかは、一つの政治哲学的選択の問題であり、意味合いは異なるが、「大日本主義か小日本主義か」の新たな選択をわれわれに迫るものだ。

理論上考えられるこの二つの道は、現実の中では、いずれもその極端にはいきつかないとは思う。在日韓国朝鮮人でさえ五十万の規模に過ぎないのだから、いくら日本政治が無策だとしても、年間何十万人もの外国人を入れることなど簡単にできることではない。逆に一人の外国人労働者も入れない入国管理政策も不可能だ。

ただ、この問題を成り行きに任せることなく、日本と日本人の在り方にかかわる深刻な問題として受け止めるべき時期に来ていることは間違いない。われわれは、大日本主義か小日本主義か、どちらの道を行くべきか、確かな心の準備だけはしておくべきだろう。

私は、宇宙戦艦ヤマトの視聴者であったときから、もし文明というものが衰亡を免れないものであるとするなら、「優雅なる衰退こそを選びたい」と思ってきた。今の日本はいろいろなものが過剰だ。優雅なる衰退の道とは、その過剰なものを捨てていく過程であり、その試行錯誤こそ、品格ある時代を創造し、日本人の生き方を再構築する道につながると信ずる。

厚生省の予測どおりだとしても、日本がすぐに消えてなくなるわけではない。日本の人口が半分になったとしても、今のドイツやフランスほどの規模はある。衰えたりとはいえ、やり方によっては、独仏程度の生活水準と国際的地位を維持することは可能なのだ。

幻影の「国連常任理事国」

平成十八年一月十二日

去る一月五日、昨年日本とともに国連安保理改革決議案（いわゆるG４案）を提出したドイツ、インド、ブラジル三国は、日本抜きで同趣旨の決議案を再提出した。外務省は昨年の失敗に懲りて、今度はアメリカとの提携を優先する方針に転換したらしい。

日本が国連常任理事国になるには、国連憲章の改正が必要であり、それには現常任理事国全ての同意と加盟国の三分の二以上の賛成が必要だ。これは相当に高いハードルであり、日本国憲法の改正手続き同様、普通に考えると不可能なことなのである。

昨年、外務省がドイツ、インド、ブラジルと共同歩調で必死に取り組んだ常任理事国入り外交が失敗に終わったのは何故か。

その第一の要因は、アメリカが反対したこと、第二は中国が反対したこと、第三はドイツ、インド、ブラジルと組んだことの反作用である。そして、そうなることは事前に十分予想できた。

アメリカはそもそも常任理事国の拡大には積極的ではない。今でさえ自分の思うようにならない安保理を、さらに拡大して自分の手を縛るようなことなど望むはずがない。建前では、忠実な同盟国日本が常任理事国になることを支持してはいるが、日本を常任理事国にするために積極的な旗振り役をする気は毛頭ない。それどころかドイツやブラジルがなることには明確に反対で、だから「G４決議には不賛成、日本プラス１なら考える」という言い方で、結果として日本の常任理事国入りも潰したのだ。

外務省は、アメリカの態度を甘く見ていたから、「中国の反対は織り込み済みだが、最後は中国だけが反対という状況になって、実際には中国は反対できなくなる」などと呑気な見通しに立っていた。

現実はどうだったか。中国は日本がG４案での採決を目指して根回しを始めるや、それを上回る勢いで反対活動を開始した。韓国も当然これにならって反対を公言。長年経済援助を続け、当然日本の味方と思ってきたアセアン諸国でさえ、中国に気兼ねして、共同提案国を引き受けた国など一国もなかったのだ。さらに中国は遠くアフリカ諸国にまで、援助をタネにして反対機運を煽った。

中国や韓国が日本の常任理事国入りに反対するのは、小泉総理の靖国神社参拝のためだなどいうのは見当違いだ。安保理メンバーは国連の軍事行動に対しての拒否権を持っている、国際社会の中での特権階級である。近隣国家が安保理メンバーになるというのは、その国が自国を侵略してきたとき、国連が助けてくれないということを認めてしまうような話で、これに反対するのは国家の本能であり、当たり前のことなのだ。

中国や韓国が、ドイツはいいが日本はダメというように、地域の大国にはそれぞれ強力な反対勢力がある。ドイツにはイタリアが、インドにはパキスタンが、ブラジルにはアルゼンチンやメキシコが、感情論としても国益論としても絶対反対の態度をとる。G4案は日本が他の三国のかたき役も一緒に引き受けるというとんでもない選択だった。

「United Nations」は、第二次世界大戦中は「連合国」と訳された。戦後この同じ言葉を「国際連合」と訳したのは、終戦とか自衛隊とかと同様、本質を曖昧にする敗戦日本的表現である。中国語では今日でも「連合国」だ。

国際秩序というものは大きな世界戦争の結果作られる。それは次の世界的な戦争でもない限り本質的な変更は難しいものなのである。国際連合は色々変化してはいるが、その本質は第二次世界大戦での戦勝国による秩序であり、連合国の歴史観、連合国の利益を基礎に成り立っている。われわれ枢軸国は、敗戦後恭順の意を表して連合国のお仲間に入れていただいた、という立場が続いているのだ。だから日本やドイツは未だに国連憲章上旧敵国であり、江戸時代で言えば、長州藩や薩摩藩と同じ立場なのである。石田三成は逆臣、関ヶ原のA級戦犯であり、西軍は正しからざる故に敗れた、とされる。

中国は実に明快にこの論理で日本を封じ込めようとしているし、他の安保理メンバーだとて、腹の中では、旧枢軸国が連合国のリーダーになりたいなどとはおこがましい、と思っているだろう。

だから日本の国連常任理事国入りは極めて難しい。それでも、どうしてもなりたいというなら、大変な無理をしなければならなくなる。国連常任理事国入りを優先的な外交課題に掲げ続けたとき、日本の外交政策はどのようなものとなるのか。

一つの対応は、G4メンバーと袂をわかった外務省の今回の方向転換のように、アメリカが積極的に賛成してくれるような決議案をめざす。そのためにはアメリカの世界戦略に今まで以上に協力し、諸国が首を傾げるようなアメリカの行動にも物申さずして付き合うことになる。外務省はますますこの方向にのめり込んでいくかのようだ。

しかし、これだと何のために常任理事国を目指すのか自他共にわからなくなってしまう。いつもアメリカと同じなら別に安保理に席を置かなくてもいいのではないか、という諸国の冷笑にどう応えるのだろう。

もう一つは、近隣諸国とくに中国と韓国が反対しないように融和政策をとるということ。とくに両国の言う、いわゆる歴史認識問題では、「ご無理ご尤も」の低姿勢を貫き、靖国参拝などもってのほか、ということになる。要するに連合国史観に限りなく身をすり合わせていくということだ。

しかし、自国のナショナリズムに過度に抑制的で隣国のナショナリズムに過度に迎合的な外交姿勢が、今の東アジアの国際環境のなかで国益にかなうものであるとは言いがたい。また多くの国民の支持も得られないだろう。

何よりも、たとえそうしたとしても、いざというとき中国や韓国が日本の常任理事国入りに賛成するとは断言できないことだ。やがて韓国も有資格者として名乗りを上げるだろうし、中国も日本より韓国の方を「自分に便利なもう一票」として選択する事態もないとはいえない。

そして、もう一つの対応として、アジア・アフリカの中小国には、今にもまして手厚い経済援助を行い、八方美人でありつづけなくてはならない。日本から要人が来るたびに「日本の常任理事国入りを支持する」と言いさえすればドンと援助が得られる。その上日本に対抗して中国からも援助が来るとしたらこんないい仕組みはない。国連憲章改正が先延ばしになっても全く痛痒を感じないばかりか、そのほうが国益にかなうという国が圧倒的多数なのである。

今でさえ世界一の財政赤字国家になっている日本が、これから先五年も十年も、国際的なバラマキ政治を続けていって良いはずがない。それでなくても、国連常任理事国入りをめざす以上、分担金や平和維持活動にかかる費用を値切るのは憚られる。しかし散々国連に貢いだあげくに財政破綻国家になったら元も子もないだろう。井戸塀政治家ならぬ井戸塀常任理事国では笑い話だ。

昨年のドイツ、インド、ブラジルと組んでの活動が良かったかどうかは別として、どうして外務省はせっかく培ったG4諸国との信頼関係を一擲してしまったのだろう。これほど定見のない外交というのもあまりない。常任理事国にはなれないとしても、今後も四カ国で結束していけば国連内での新しい足場ができ、発言力が増すではないか。ひいては国際政治上での日本の立場が強化される道が開けたかもしれない。国連常任理事国という幻影を追うあまり、現実的な国益判断力が衰弱しているとしか思えない。

要するにどうしても常任理事国になりたいと思うと、前述のような三つの、国益にも反し、かつ相矛盾する対応を時々で迫られ、そのつど右往左往の外交に陥る恐れがあるということだ。日本の外交的自立を目指すはずの常任理事国入り活動が、かえってそれを阻害する結果を招いているのが現状なのである。

昨年の総選挙のときのアンケート（『毎日新聞』）で「民主党のマニフェストで賛成できないところは何か」という問いがあった。私は「（賛成できないのは）国連常任理事国入り志向。

国際的バラマキ政治や発言自主規制外交を招来し、国益を損ねる」と回答した。

国連常任理事国に「なった方がよいかどうか」と聞かれれば、「なればこんな結構なことはない」と答えよう。しかし、そのために言いたいことも言えず、したくないことにも付き合い、そのうえ金はどんどん出て行くということなら、ちょっと待てよ、ということになる。

実は小泉総理は十年前の国連改革論議の時には、「国連常任理事国入りを考える会」の会長として、田中秀征氏と組んで、外務省の常任理事国入り活動に反対した急先鋒だったのだ。あの当時の候補国は日本とドイツだった。今は倍の四カ国になっており、現実的に考えれば、状況はさらに困難になっているわけだが、小泉氏はいつ、いかなる理由で意見を変えたのだろう。彼は説明責任を果たすべきではないか。

小泉外交の失敗として対中韓関係の悪化があげられるが、これはそれほど問題ではない。むしろ昨年の日本外交の大失態は国連常任理事国入り外交の失敗である。野党はこの問題について、もっと厳しく外務省に迫らなくてはならない。そして、国連常任理事国になることを優先的な外交目標とするのがよいのかどうか、もう一度、一から考え直すべき時期に来ているのではないか。薩長のような「西国雄藩」への道もあるはずだ。

「我慢の障壁」を超えるのか

平成十八年九月二十一日

安倍晋三氏が自民党総裁に選ばれた。五十一歳と戦後最年少の総理大臣が誕生することとなる。彼の著書（『美しい国へ』）を読むと、自分と同じ時代環境を生きてきた政治的人格への近親感を覚える。

終戦直後の欠乏期ではなかったが、われわれの幼少年期の消費生活は今と比べれば相当慎ましやかなものだった。小学校では脱脂粉乳の給食が供されているころだ。戦後の高度成長経済とともに年齢を重ね、テレビや洗濯機などの家電製品が普及し、自動車までもが各家庭に当たり前の持ち物となっていく有様を目の当たりにしながら成長した。

安倍さんはそんな時代への郷愁を映画「ALWAYS　三丁目の夕日」に託して言う。

「みんなが貧しいが、地域の人々はあたたかいつながりのなかで、豊かさを手に入れる夢を抱いて生きていた」

左翼思想全盛期に青少年期を送り、反マルクス主義、保守主義の立場に立っていたことにも共感を覚える。当時それは少数派であり、それなりの覚悟と勇気を要することだった。

「大学に入っても、革新＝善玉、保守＝悪玉という世の中の雰囲気は、それほど変わらなかった。相変わらずマスコミも、学界も論壇も、進歩的文化人に占められていた。……歴史を単純に善悪の二元論でかたずけることができるのか。当時の私にとって、それは素朴な疑問だった」

マルクス主義による日本の近代への解釈は、ごく単純化して言うと、明治維新以来の歩みは、日本資本主義の発展と相俟って近隣への侵略の歴史であり、戦前の日本には何も良いところはなかったというものだ。計画経済への憧憬と反米、親中親ソ感情が柱だった。

戦争の犠牲と敗戦の衝撃が非常に大きかったので、厭戦・平和主義思潮とマルクス主義思潮が一体化する形で、冷戦終焉までの日本の言論界、学界、教育界で大きな力を振るった。当時喧騒を極めた学園紛争はさまざまな要因はあったが、その思想的背景はこうした左翼イデオロギーであった。

他方マルクス主義思潮の対極には少数派ではあったが、右翼、民族主義の潮流もあった。

連合国から一方的に侵略戦争であったとの烙印を押されたが、大東亜戦争は、アジアから白人支配を一掃する世界史的意義を担ったのだ。敗戦の結果、戦後日本は、連合国から、政治的にも思想的にも封じ込められている。連合国による国際的政治・思想秩序の象徴が東京裁判だ、と主張する。

われわれの時代の右翼民族主義用語では、戦後体制をヤルタ・ポツダム体制（YP体制）と呼んでいた。「YP体制の打破」は民族派右翼の最大公約数的政治意識だった。こちらのほうも単純明快なイデオロギー的立場で、これに魅了される優秀な若者も少なくなかった。昭和四十五年には、こうした立場の著名な存在だった三島由紀夫の割腹事件があり、社会に大きな衝撃を与えた。

そのころの政治的に早熟な青少年は、優秀であればあるほど、このいずれかの政治的イデオロギーの信奉者になっていた。左右のイデオロギー対立の狭間で、マルクス主義でもなく、右翼民族主義でもないというスタンスを採ることは、政治的早熟児たちの間にあっては、まことに煮え切らない、日和見的な態度として嘲笑されたものだ。私は、おそらく安倍さんも、そういう「煮え切らない」政治的立場でずっと青少年期を過ごしたのだ。

こうした思想的立場は、当時の論壇では「現実主義」などと呼ばれた。人によっていろいろな内容はあったが、日米安保体制を肯定し、経済成長を実現した戦後の歴代保守政権の統治実績を積極的に評価するところに特色があった。そして戦後保守政権は、東京裁判を受け入れて占領を終了させ、連合国（国際連合）の仲間に入れてもらうという選択から始まった。だから大東亜戦争についての日本の言い分については、「語らない」という以外の選択はなかった。それが敗者の宿命であり、敗者の作法であった。

昨年、中国で反日デモが激化したとき、宮沢元総理が「日本は今世紀も我慢しなければならないのかと思った」とコメントしていたのが印象的だった。敗戦国として自国のナショナリズムに抑制的であることが円滑な国際関係を築く上で、致し方のない処世だということだろう。院外の右派勢力はともかく、戦後、政権を担い続けた保守勢力は、ハト派とタカ派で度合いの差はあれ、「我慢しなければならない」ことを知っていた。

自民党総裁選挙に際して安倍さんが、靖国参拝の是非について語らず、また先の大戦について「歴史認識は歴史家に任せる」と述べたことから、『朝日新聞』（九月十四日）などでは「二十世紀最大の戦争について歴史観を語れぬ首相が世界に通用するはずはない」と批判した。しかし、その是とするところの歴史観は、どこかかつてのマルクス主義歴史観の衣替えのようで、単純すぎてついていけない。

先の大戦は侵略戦争、連合国はすべて正しく、日本は悪者だった、と言い切る人には、どこか胡散臭さを感じる。また、東京裁判は違法無効だと、勇ましく言挙げできる人は羨ましい限りだ。沈黙という歴史観の表明も当然あって然るべきだろう。彼が言うように「歴史というのは、善悪で割り切れるような、そう簡単なものではないのである」。

安倍さんも基本的には「我慢しなければならない」という立場を踏襲している。しかし、東京裁判の不当性をこれほどはっきりと語った宰相（候補）はいなかった。また大東亜戦争が軍部や政治指導者の選択の誤りによって招来されたことを認めつつも、「列強がアフリカ、アジアの植民地を既得権化するなか、マスコミを含め民意の多くは軍部を支持していた」とも語っている。

彼が、戦後保守政権の常識とした「我慢の障壁」を、静かに、しかし意識的に踏み越えようとしているのは確かだ。それを安倍晋三の古さと見るか、新しさと見るか。またそれを「連合国という世間」が許すかどうか、だ。

世界史の転換点

平成二十年十一月三十日

「百年に一度の津波だ」。米国のグリーンスパン前ＦＲＢ議長は、今回の米国発の世界的金融恐慌についてこう言った。

一九二九年の世界大恐慌が世界史の大きな転換点となったように、今私たちの眼前に展開している経済危機が日本と世界にとっての歴史的転換点となるかもしれないという予感は多くの人の共有するところだろう。

ソ連の崩壊による冷戦の終焉は、社会主義あるいは共産主義という世界規模のイデオロギー（マルクス主義）を一挙に過去のものにしてしまった。その後の世界を支配したのは、米国発のグローバリズムという擬似イデオロギーだった。

グローバリズム、グローバリゼーション、グローバル経済など色々な言い方をされているが、米国的な自由市場経済が、普遍的で理想的な経済秩序であり、諸国は自国の経済社会の構造をこれに合わせて改革していくべきだという思潮である。

それはマルクス主義ほど精緻で明確な輪郭を持ったイデオロギーではなかったが、冷戦後に唯一の超大国となった米国の力を背景に無視しがたい潮流として各国の政治経済秩序を翻弄してきた。

確かに諸国家の経済活動がグローバル化していかざるを得ないというのは時代の趨勢ではある。しかしそれがそれぞれの国民にとって良いことかどうかということはまったく別の問題だ。

一国の経済秩序（国民経済）は年月をかけて出来上がってきたもので、その国の伝統、慣習、国民生活の実態を反映している。また国民経済には西欧や日本のように百年以上の歴史を持つ国もあれば、第三世界の諸国のように独立から日も浅く脆弱な基盤しか持たない国もある。つまり国民経済は、歴史、伝統、慣習、経済規模や発展段階など、あまりにも多様なものなのである。

そこに統一的な基準つまりグローバルスタンダードをつくり、世界単一の経済市場を創り出すというのは、言うは易く、行うは難い。それが、大方がそう理解しているように、市場至上主義や自由化の徹底を意味するものであるとすれば、なおさら不可能なことだ。それはWTO（世界貿易機構）の多角的貿易交渉を見てもよく分るだろう。極論すれば、グローバリズムの貫徹とは国民経済の完全なる破壊の上にしか成り立たない。

「上毛カルタ」に「ねぎとこんにゃく下仁田名産」と謳われているが、コンニャクという農産物は全国の九割が群馬県で生産され、そのまた相当部分が下仁田町で作られている。コンニャクは自由化の例外作物として高関税率で保護されているのだが、もしこれを完全に自由化すれば、中国などからずっと安く輸入でき、消費者には大きな便益をもたらすこととなる。グローバリズムの理念に立てばこれは正しいことであり、良いことだということになる。しかしその結果、この地域の農業は壊滅的打撃を被り、地域共同体の維持も不可能になる。

資本や生産手段はいとも簡単に国境を越えて移動できる。しかし、人は簡単には移動できないものだ。市場の論理では「人」というものは「人件費」でしかないが、実際の世の中では、その「人」が地域共同体を支え、生活や伝統や文化を体現している。グローバリズムは、そうした経済外的価値や環境問題、資源制約などを一切無視するところに成り立つ。

グローバリズムは良いことでも、正しいことでもない。わが国が工業製品の輸出に依存して生きていく以上、国民経済に過大な犠牲を及ぼさないように留意しながら、これに適応していけばいい、という類のものなのだ。

私はずっとそう思ってきた。日本人は昔から、自分たちの伝統と切り離された正しい普遍的な基準がどこかにあり、それに従って世の中をつくり変えていこうという舶来の変革論に対して、きわめて脆弱な体質を持っている。かつてマルクス主義が論壇や学界を席巻し、現実政治にも大きな影響を及ぼしたのもそのためだ。真の保守主義とは、どの時代にも形を変えて登場する「普遍」や「進歩」を装った外来思潮を懐疑して掛かる態度のことだ、と私は信じている。

国民経済の全てを世界市場に曝すということは米国といえども貫徹できない。米国においても、農産品への輸出補助金はじめ自国産業保護の網の目が張り巡らされている。だから実際のところ、グローバリズムとは、米国が強い競争力を持つ金融や情報産業、あるいは農産品での国益を貫徹しようというアメリカニズムを本質としている。

とくに、製造業の衰えた米国が金融資本主義ともいうべき経済構造に転化したことにより、世界を自国に有利な金融秩序（金融自由化）に変革しようと志向したことから生じた潮流が、グローバリズムの中心的な流れとなり、近年、わが国も世界もその波に翻弄されてきたのだ。

今次の世界金融危機は、グローバリズムという名の金融主導の米国流市場経済が破綻したということである。世界のＧＤＰ総額の何倍もの金融商品が、世界の市場を動き回り、儲けて歩くという経済は異常なものであり、何時かは崩壊を運命づけられていたものだ。

米国は今回の金融危機を境に、政治的経済的影響力を低下させていかざるを得ない。国際政治あるいは経済の構造は新たな段階を迎えることとなろう。いやおうなく世界は多極化する。

多極化する世界の中で、基軸通貨としてのドルの地位は今のままではいられない。先の金融サミットに前後して、サルコジ仏大統領は「ドルはもはや唯一の基軸通貨ではない」と言い、ブラウン英首相は「世界中央銀行の創設」を言った。それがすぐ可能かどうかは別にして、ＥＵがユーロを基軸通貨にしようとしているのは明らかだ。少なくとも自らの主導で新たな金融管理や通貨体制を構築していこうという強い意志を感じる。では日本は？

麻生総理の今回の経済危機に際しての発言は、あまりにも薄っぺらだ。国内の景気対策は言うが、日本の最高指導者として、この世界史的転換点をどう認識し、日本はどうしようとしているのか、伝わってこない。米国主軸の現在の経済秩序を補強し、延命することしか関心がないように見える。

日本は、新らたな金融秩序づくりやドル機軸にかわる通貨体制づくりにどう関わっていこうとしているのか。十年前のアジア通貨危機の時は、日本中心の「アジア通貨基金」構想が米国の圧力によって頓挫させられた。今こそ、これを実現すべき好機ではないか。

司馬遼太郎が言う。「政治家がもつ必須条件は、哲学をもっていること、世界史的な動向のなかで物事を判断できる感覚、この二つである。幕末が煮えつまったころ、薩長志士の巨頭たちはすべてその二要件をそなえていた」、だから幕府は滅び薩長が勝ったのだ、と。

この世界史の転換点で日本政治の舵を取る麻生総理の哲学と世界史感覚が問われている。

中国の台頭をどう考えるか

平成十三年四月九日

接触事故で海南島に緊急着陸した米軍のハイテク偵察機が、そのまま返還されるのかどうか、今世界が注目している。

私は今年年頭の本欄でこう書いた。

「二十一世紀最大の外交課題は、日本にとっても、世界にとっても、中国問題となるだろう。軍事的にも経済的にも巨大化し、覇権国家になった歴史を持ち、再びそうあろうという意思を持つ中国とどう向かい合っていくか、日本も世界も思い悩むことになるだろう。」

私がこう書いた頃、江沢民中国主席は、アメリカの一国覇権主義に強く反対する元旦講話を発した。また三月の全国人民代表大会では、今年度国防費の一七％の増強、沿岸部への短距離ミサイルの配備を決定し、超長距離ミサイル（米国本土へも届く）の開発も進めている。

ブッシュ新政権は、前政権に比べて対中強硬派が多い。ラムズフェルド国防長官や議会共和党の大勢は、台湾へのイージス艦やレーダーシステムの売却を認めようとしており、中国はそれを強く牽制している。

その矢先に起こったのが今回の両国軍用機の接触事件だ。中国は謝罪を求めて激しく抗議し、米国内では反中国感情が急増している。そこに米中新冷戦の兆しを見るのも、あながち誤りとはいえない。中嶋嶺雄教授（東京外国語大学学長）は、私もかねてから尊敬している中国研究の碩学だが、この事件について「米中は新冷戦に入ったとみる」（『産経新聞』四月五日）と発言している。

私も二十一世紀における米中対立は必然と見るが、中嶋教授とは異なり、米ソの冷戦とは性格が根本的に異なると考える。

それは中国が、かつてのソ連とは異なり、共産主義経済を棄て、完全に市場経済の世界的枠組みに組み込まれており、再び孤立した計画経済に戻ることはあり得ないからである。中国は資本主義経済に転換したことにより、目覚しい経済成長を達成し、その果実によって軍事力の近代化を推進し、アジア地域における政治的影響力を高めているのである。

そして中国はこれからも資本主義経済国家として成長を続ける。膨大で、安価な労働力を背景に、世界の工場として、また最近顕著になってきたように世界の農場としても、日本や先進諸国への廉価な物資供給地となるだろう。遠からず国際経済摩擦の主役の座は、中国が日本に取って代わるだろう。

中国共産党の政権は、もはや中国社会の共産主義化を目的とする体制ではない。それは、資本主義化した中国の経済と社会を管理し、治安の維持に当たる、いわゆる「開発独裁政権」である。

開発独裁政権とは、韓国の朴政権やインドネシアのスハルト政権、台湾の国民党政権など、途上国が成長経済に離陸するのに、ある意味で不可欠なプロセスであり、これらの諸国が経験したように、国民所得が相当水準に達し、中間階級層が拡大してくると、その支配は動揺し、民主化の波に洗われる。長期的に見れば中国共産党もこうした歴史的趨勢を免れないものとは思うが、中期的には共産党の支配は継続するだろう。

一般民衆の選挙による政府の形成と、平等に開かれた試験による公正な官僚制の確立は、日本でふつう考えられているより、はるかに困難な事業なのである。中国のように広大で、格差の大きい社会で、また歴史的に地縁、血縁が重んじられる社会においては、なお更である。

現政権下でも、役人の汚職と腐敗は日常的なものであり、法的手続きや契約の遵守など市場経済に必須の条件が十全であるとはいえない。しかし、共産党の支配を取り除けば、それが実現できると考えている人は、今のところ中国人にもあまりいない。

一方、鄧小平ら革命の英雄の退場に伴い、中国共産党の威信は確実に低下している。共産主義社会の実現を目指すマルクス主義イデオロギーを放棄した中国共産党は、その支配の正統性の根拠を何処に求めるのかが、重大な問題となっている。

結局、イデオロギー的には、共産党こそが抗日戦争を指導し、中国を独立せしめたのだという昔話を繰り返すことしかない。政策路線的には、国民に永続的な所得の増大を保証する現世利益的経済政策を推進し続けるしかない。九〇年代の中国共産党が、急速な市場経済化を推進する反面、反日キャンペーンを強化せざるを得なかったのは、このような背景からである

しかし日本は、中国の経済成長を支援し、その成功を期待せざるを得ない。何故なら支配の正当性に疑問をもたれる独裁政府が、対外強硬路線で、それを補おうとするのは歴史上ありふれた事例であり、国民の経済的不満が高まる時期にそうした行動を採り易いこともまた事実だからである。

こうして、当分の間、われわれが付き合う中国は、厄介なことに、「抗日の主役」をアイデンティティとする共産党独裁政権のもとで、経済成長路線を推し進め、安価な工業製

品と農産品の輸出拡大に邁進しつつ、軍事力の近代化を推進する「拡大する中国」ということになる。

覇権国家アメリカが、この拡大する中国に警戒的に対応するのは、もはや避けられない趨勢であろう。しかし、米中は、政治的には様々な場面で対立を表面化させるだろうが、一方で両国の経済的相互依存の抜き差しならない深化が、その対立の歯止めになるであろう。今や中国製品輸出の最大のお得意先は、アメリカなのだ。

ブッシュ大統領は中国を「戦略的競争相手」と呼んだ。まだその具体的内容は明らかではないが、この言葉は味わいがある。前政権のナイ国防次官補（ハーバード大教授）が言うように、この不可避の政治的緊張を米中はどう管理していくか、が見ものというものだ。

日本は、米中の政治的対立が不可避の時代環境の中で、その緊張を惹起する諸要因をめぐって、その時々で難しい対応を迫られる。李登輝訪日、台湾へのイージス艦の売却、NMD（米本土ミサイル防衛）構想などなど、問題は目白押しだ。

そしてアジアの近隣諸国からは、拡大する中国に対して、合従して臨むのか、連衡して臨むのか（※注）、様々な秩序作りの動きが胎動してくるだろう。日本とアメリカの国益は決して同じではないが、今後も日米協調を基本に乗り切っていくしか方法がないのも事実である。

米中対立は日本に様々な困難をもたらすことは間違いない。しかしそれはまた、外交能力のあるリーダーがいれば、逆に国益拡大のチャンスをもたらすものでもある。それは、米国に対しても然りだ。吉田茂は米ソ冷戦の機を巧みにつかんでサンフランシスコ講和を勝ち得、激化する冷戦の中で岸信介は日米安保を改定し、佐藤栄作は沖縄返還を実現した。

つまり私は、米中対立の時代とは、新冷戦と言うよりは、古典的な意味での外交の時代の到来と見る。そして今の日本にとっての最大の問題は、自立的な外交を展開する、外交能力のある政府がないということなのである。

※注　合従連衡（がっしょうれんこう）
中国の戦国時代に、強大化する秦に対してして六つの弱小国（燕、趙、楚、魏、韓、斉）が同盟して対抗した政策が合従、六国がそれぞれ単独で秦と同盟を図った政策が連衡。

ＷＴＯ加盟の中国と日本

平成十三年十一月十三日

世界貿易機構（ＷＴＯ）の閣僚総会は、十一月十日、中国の加盟を承認した。中国はこれを機に、世界共通の貿易ルールの下で国際市場に統合され、市場開放と関税引き下げを義務付けられる。

今や中国はＧＤＰで世界第九位、輸出も世界第七位の貿易大国で、ＷＴＯ加盟は当然と言えば当然のことだが、これは名実ともに中国社会主義経済の終焉を象徴する出来事であり、感慨深いものがある。

日中貿易は急拡大している。とくに中国からの輸入が増大し、対中貿易赤字の増大も著しい。わが国の輸入の国別シェアは米国一九％、中国一五％であり、一両年を経ずして、中国が米国を抜くだろう。因みに輸出先では米国が三〇％、中国は僅かに六％に過ぎない。わが国の貿易黒字は、一ドル一二〇円という円安にもかかわらず、二年連続減少している。今年は昨年比一五％減で、輸入が一六％伸びたのに対して、輸出は半分の八％しか伸びていない。

このうち中国からの輸入は二二％増加し、対中貿易赤字は約二兆七〇〇〇億円に上る。要するに、貿易黒字減少の要因は、米国景気の後退とともに、中国からの輸入増大にある。日本は米国との貿易黒字で、中国との貿易赤字を補っている。

第二次世界大戦後、米国は「世界の工場」といわれた。その後一九七〇年代後半から、世界の工場の地位は日本に移った。そして二十一世紀の世界の工場は中国になることが明らかになりつつある。

かつては日本が生産シェア世界一を占めていたテレビ、粗鋼、カメラ、時計などは、すでに中国にその地位を取って代わられている。日本の半導体産業は二年前までは大好況だったが、今やＤＲＡＭの価格は、その頃の十分の一になってしまった。この間中国では深川や蘇州などに半導体の世界的工場が急成長した。

中国の人件費は日本の三十分の一であり、これに経済のグローバル化とＩＴ革命の進展が相俟って、中国の経済成長を加速している。キッシンジャーが言うように「ＩＴが世界最高の生産技術水準と世界最低賃金を結びつけた」のだ。つまり中国経済が成長を続ける限り、日本のデフレ経済はなかなか終わらない。

中国脅威論が出て来るのも無理のないところだ。しかし、ここで簡単でないのは、日本企業が中国に生産拠点を移し、製品を日本へ輸出、つまり逆輸入しているということである。中国では今、日本の資本と技術の移転によって、輸出企業が急成長している。

中国の輸出構造を見ると、昨年度では、中国の輸出全体の約四八％が外資系企業からのものであり、日本への輸出の約六割が日系企業からのものなのである。そうした逆輸入製品は、かつての繊維のような簡単なものから、現在では、家電、エンジン、エレクトロニクス、機械などの先端技術製品、さらには長ネギ、シイタケなどの農産品にまで及んでいる。

今われわれは、中国の経済成長が、日本の経済社会の構造に大きな関りをもつ時代に立っているのだ。三年目を迎えた日本のデフレ時代は、中国の経済成長を抜きにして語ることは出来ない。個々の企業がデフレを前提に生き残りを考えなくてはならない時代でもある。

群馬県内は不況の色が濃いが、時には活力のある企業に出会う。先日ある電気製品の卸会社を訪ねたところ、中国などから安い電気製品を輸入し、全国展開している量販店に卸すという商売に転換して、すこぶる活気があった。かつてこの会社は大手電気メーカーの代理店としての仕事がほとんどだったが、今ではそれは半分程度に減っているそうだ。デフレ時代に上手く適応している例だ。

他方、製造業の地方工場は、軒並み統廃合や縮小を迫られている。前橋のダイハツ工場は撤退し、高崎の日立工場も大規模なリストラに直面している。日本が世界の工場になったころ、田中内閣の日本列島改造論が喧しかった時代に、大企業の製造工場の多くが、安い地価と人件費を求めて、群馬県はじめ内陸部へ移転した。今日、製造業の地方進出の経済的メリットは失われてしまった。しかし地方の雇用をどうするかという問題は残る。

これまでのアジア地域への企業進出では、部材供給は日本、組み立ては現地という垂直分業型だった。しかし現在の、そして今後も加速するであろう中国への企業進出は、製品組み立てだけではなく、部材の生産、調達までも現地で行う形態に変化している。日本企業が、国内にあった産業の全ての工程を現地化する方向で中国へ進出しているのだ。「産業の空洞化」が深刻化せざるを得ない。

戦後日本は、製造業が稼いだ外貨で、原油や原料を買い、食料を輸入して生きてきた。世界の工場であることがわれわれの豊かさの源泉だった。だから世界の工場の地位を、完全に中国に譲り渡すことは出来ないのである。

失業率が五%になったのを受けて塩川財務大臣は「日本の産業空洞化がこれだけ進むとセーフティネットを相当強化しても追いつかない」と述べ、「産業空洞化防止対策」について経済財政諮問会議で議論したいと語った。小泉内閣の主要閣僚の口から「産業空洞化」が語られたのは初めてだ。小泉内閣はこの問題には無関心で、竹中経済財政担当大臣が主導してまとめた、いわゆる骨太方針にはこの言葉は出てこない。

私は構造改革論者ではあるが、竹中氏ほど楽観的なグローバリストではない。構造改革の遅れが、日本の生産性を低下させているのは事実だ。しかし中国の台頭はわが国にとって、まったく新しい経済環境の出現であり、市場原理主義で規制撤廃とＩＴ革命を推進しさえすれば、対中競争力が高まり、雇用も確保されるというのは、いささか単純すぎる未来像だろう。

戦後日本が営々と築いてきた製造業が完全に海外移転してしまう前に、国内に何を残し、どのような産業構造をめざすのか、戦略的な構造改革論が必要な時に来ているのではないか。

中国の反日デモ

平成十七年四月十二日

先週末に起った中国各地での「反日デモ」にはいささか驚いた。打倒日本とか日本製品排斥とか常任理事国入り阻止とか、スローガンもどこかピントはずれで、大方の日本人は戸惑うばかりだったろう。

私は、いま中国はかなり難しいところに来ていると考えている。昨年来、中国内陸部での土地収用に反対する農民の暴動や地方都市での官僚腐敗を糾弾する抗議行動が暴動に発展した事件がいくつも伝えられた。重慶では役人の腐敗に怒った一万人以上の住民が地方政府庁舎を包囲し、広東では橋の通行料金の徴収をめぐって数万人が暴徒化したという。

類似した事件は各地で頻発しており、これらは「社会主義市場主義経済」下の中国の歪みを象徴するものだ。今回の反日デモも、きっかけが靖国、尖閣、国連常任理事国入りなどの日本の対応にあるにしろ、本当の原因は中国自体が抱える内的な問題にある。中国のこの十数年間の高度経済成長は、大都市圏と地方、都市と農村の著しい格差を生み出している。また都市圏内部の所得格差の拡大、生活環境の悪化も著しい。そうした社会状況にあるにもかかわらず、政治情報は統制され、政治参加の道も閉ざされたままである。共産党体制下の官僚制は非効率で腐敗も目立つ。

中国共産党は一種の開発独裁政権であり、冷戦終焉後の中国の市場経済化には一定の役割を果たした。しかし民主的に統制された公正な官僚システムをどうやって作り上げるか、所得の再配分をどのように実現していくのか、中国共産党の抱える課題は容易ではないのだ。

妙な言い方になるが、中国は今こそ「社会主義」を必要としているのである。日本政治史的に言うと田中角栄と公明党の登場が必要な時期を迎えているのだ。

田中角栄的な政策とは全国総合開発計画に言うところの「国土の均衡ある発展」ということになる。大都市圏から地方への大規模な所得移転政策が、高度成長期の自民党政治の大きな特色であった。それはたとえば国際価格と乖離した高米価を通じて、また政府補助金による道路、農地整備などの公共事業の大盤振る舞いによって推進された。

公明党は、高度経済成長下の大都市圏で取り残された低所得層を組織し、代表する勢力として六〇年代後半に東京都議会に劇的な形で登場し、組織労働者を基盤とする社会党や民社党をたちまち凌駕して都議会第一党の座を占めたのである。その最大の主張は「清潔な政治」と「社会福祉」であった。

中国共産党は、極めてよく組織された統治政党であり、その指導者の質も高い。日本で言えば、財務省や警察庁に入ったエリート官僚が、そのまま政党と政府の指導者になっているようなものだ。ところが、政治というものは不思議なものであり、田中角栄のような非エリート的な人材のほうが、時代の要請つまり民衆の欲求を大胆に現実政治の中に持ち込むことが多いのである。

中国共産党のような強力な統制力を持った中央集権的な独裁政権は、整合性あるマクロ経済政策を推進するには好都合なのだが、地方への利益誘導や特定階層への所得移転といった政策にはいたって不向きなのである。

簡単に言うと、中国共産党の統治システムでは、「上海で稼いだ金を雲南省の何とか村の公共事業に回せ」とか、「大都市の低所得家庭のために児童手当を出せ」とか、個別具体的な再配分政策を声高に言う政治家は出てこないのである。

もちろん中国共産党にもこういう問題意識がまったくないわけではない。実際胡錦濤政権では農村問題に詳しい温家宝を首相に据えて農村重視を政策に掲げている。しかし、いまのところ掛け声倒れの状況というほかない。都市内部の貧富の格差拡大の問題にいたっては、貧困化している階層の利益を代表する公明党的政治勢力がないために、手付かずの状態におかれている。

民主化というと平板な表現になってしまうが、中国に必要なのは「選挙による指導者選択」である。しかしそれは、共産党一党支配の崩壊や中国の分裂をもたらしかねない選択ゆえに極めて難しい。中国がこれからも経済成長を続け、しかも安定した社会を築き上げられるかは、予断を許さないところなのである。

今回の反日デモに際して識者のコメントも色々あったが、私は奥田経団連会長の「時間がたてば沈静化する。深刻に考えていない」というのに一番感心した。さすがに日本を代表する財界指導者の発言だ。これを聞いて、日本で反米デモが荒れ狂っていた時代にライシャワー駐日大使が、「世界中で反米デモがない日は一日もないでしょう」と悠然と言い放ったのを思い出した。

今の若い世代の人たちに、日本でも連日反米デモが行われていた時代があったといっても信じてもらえないだろう。しかし一九六〇年代から七〇年代、反米が、反政府・反体制とイコールだった時代、それは日常茶飯事だったのだ。

日本でもそうだったように、国内的に大きな経済変動があり、社会的格差や矛盾が拡大している時期には、往々にして、最も依存関係の強い外国にナショナリズムの矛先が向けられるものだ。だから、今の中国の反日ナショナリズムを抑制する効果的な対応策は、日本側にはあまりない。日本として、首相の靖国参拝を中止することはできても、尖閣列島の領有権を放棄することなどは、とてもできない相談だろう。だから、静観して時の過ぎ行くのを待つしかないのだ。

豊かになった中国は、早晩、国民への政治情報の開示と政治参加の道を大胆に開かざるを得ない。かの国のナショナリズムを必要以上に刺激する愚は避けつつ、しかも「日本にも責任がある」などという卑屈な対応をとることなく、ライシャワー氏のように、悠然として相手の成熟を待つのも大国としてのあり方というものであろう。

東アジア・イデオロギーの「現在」

平成十七年五月三十日

書棚に放置してあった古田博司『東アジア・イデオロギーを超えて』を読んだ。昨今の中韓両国との「歴史認識」摩擦の激化に触発されてのことだ。なかなか興味深い内容だった。古田氏の言う「東アジア・イデオロギー」とは、いわゆる「中華思想」のことを指す。中華思想とは自国を文明の中心と見做し、周辺の国や民族を野蛮とするイデオロギーである。こうした思想は他の地域にもあるが、儒教文化圏だった東アジアにおける中華思想の特色は「礼」であり、忠とか孝といった儒教的な徳目を表現する制度や行動規範をどの程度保持しているかで、国家の文明度を格付けし（これを華夷秩序という）、自国が最も高く、他国を低くしとするところにある。

中華思想は、中国だけでなく周辺諸国にも分有された。ベトナムでは十五世紀に北国（中国）に対抗する「南国」意識が高まりラオス、カンボジアなどに対する中華思想が広がった。朝鮮では十七世紀に「小中華」意識が芽生え、さらに本来野蛮人である満州族が清朝を立てると、自分たちこそ（文明的な漢族の王朝）明の「礼」を受け継ぐ「中華」だ、との意識が広まった。彼らにとっては、日本の習俗などは悉く礼に反するものであり、「夷狄」以外の何ものでもなかった。

江戸後期の日本にも「皇国」思想という形の中華思想が生まれた。しかしそれを支えたのは「礼」の観念ではなかった。夷狄王朝の交代と戦乱が絶えない中国に比して、豊かな「泰平」の御代がつづく日本こそ文明の中心である、との優越意識がその核心であった。平和と経済的繁栄を根拠とする優越意識の日本的特性は今日にも通ずるものだ。

「東アジア諸国は、客々が東アジア文化圏の中心であると自己規定し、客々の周囲の民族を夷狄視し、その習俗と文化を侮蔑して近現代に至るのである」

そのような東アジア世界において、中韓両国から見れば「礼無き野蛮人」であるはずの日本が、ただひとり近代化に成功し大陸に膨張したことは、中華思想イデオロギーからすれば、ありうべからざる現実であった。封じ込められた中華意識は怨念化した。

今日噴出する中国や韓国のナショナリズムは、中華思想という古層の上に、新層としての、「抗日」を核とする戦後の民族主義教育が積み重なったものであり、様々な国内的矛盾のはけ口としてかくも有効に「反日」が機能する背景には、かかるナショナリズムの二層構造がある。

「その結果、教科書問題や靖国参拝問題などが新層の民族主義や国家主義を刺激し、古層の『夷狄』である日本人への憎悪を掻き立てる根深いものとなっているのだ。例えばA級戦犯を合祀する靖国神社への参拝は、中華思想からするといかにも『礼』に反することであり、夷狄の日本らしい無礼な行動に他ならない。しかも、そのレベルにとどまらずに国家主義、民族主義の新層では激しい非難に転ずる」（古田氏『毎日新聞』四月十八日）

中韓が「正しい歴史認識」と言うとき、中華思想的な華夷秩序観のいかがわしさを感ずるのは私だけではあるまい。つい最近の韓国でも、天皇は「皇」ではなく「王」であると言う議論がまじめに論じられ、日皇の表記が一斉に日王に改められたりした。古田氏は「韓国のナショナリズムは病」だという。

また新たな中華意識に高揚する中国にしてみれば、道徳性において劣るはずの日本が、敗戦にもかかわらず経済復興を成し遂げ、世界第二の経済大国になり、あまつさえ戦勝国クラブである国連常任理事国入りまで窺がおうと企てるに至っては、これほどの不快なイデオロギー的挑戦はないだろう。

伝統的な中華思想を基盤とし、反日教育によって新たな正統性を付与され、経済成長の成果によって自信を深める中国や韓国のナショナリズムに、日本のナショナリズムとの妥協を期待することはきわめて難しい。

自ら左派に理解をもつ中道と称する古田氏は、東アジアの連帯を説く論者の多くが、日本のナショナリズムに批判的でありながら、韓国や中国のナショナリズムに無批判であることを厳しく批判する。

「中国はもとより、韓国、北朝鮮、日本も含めて、みな自国中心主義である中華思想を持っており、それをプロトタイプとして各自のナショナリズムを形成している。したがって中華思想をはずさない限り、日本一国のナショナリズムを批判しても間尺にあわないのみならず、ナショナリズムの問題は解決し得ない」

「脱亜入欧」とは東アジア諸国の自発的近代化の可能性に失望した福沢諭吉のことばだが、今日に至るまで近代日本の外交思想は、「欧」と「亜」の間を揺れ動くのを常とする。「欧（米）」への反発が高まると、アジア回帰意識が高まる。しかし回帰すべき実態としての「亜」なるものは、かつても今も存在しない。

近年も、唯一の超大国アメリカへの反感が、東アジア共同体やアジア太平洋共同体への期待感を醸成している。しかし、古田氏は、東アジア地域に自然的な連帯の条件があると考えるのは幻想であり、むしろ阻害要因としての東アジア・イデオロギーの「現在」を直視することが必要だと訴えるのである。

古田氏の所論は、ほとんど正しい。しかし、アジアの経済的力量と相互依存関係の拡大と深化が、かつてない段階に達しているのも事実だ。東アジアあるいはアジア太平洋地域には経済圏として必要にして十分な下部構造が形成されている。下部構造（経済）が上部構造（政治）を決定するというマルクス主義理論は、この点でも見当違いだったようだ。

古田氏の所論を首肯しつつも、そうした経済的条件がある以上、そこに何らかの制度的枠組みを作り上げようという「中華」各国の政治的企図が続くことも、また必然と思われる。問題はそれが永遠に同床異夢のまま終わるのかどうかだ。

『孤愁の岸』

平成十五年二月十九日

米国の対イラク開戦は秒読み状況に入ったようだ。イラクにおける査察について国連安保理に報告がなされ、大量破壊兵器の所有や開発の事実について確かな証拠は示されなかったが、査察についてのイラクの非協力（安保理決議一四四一号違反）は明らかとなった。

これによって米国は武力行使の正当性を主張し、独仏は査察の継続を主張して、国際世論は分裂した。米国の武力行使を容認すべきか否か、国連では新たな国連決議をめぐって駆け引きが続いている。

日本は、このときにあたって、いずれを是とするか立場を鮮明にできないままでいる。

外務省の腹は米国全面支持だが、世論の手前、明確には言い出せない。小泉総理の発言もどっちつかずで、彼がどう考えているのか分からない。

イラクがこれまで化学兵器を生産し、使用し、また核兵器開発に手を染めている疑いも濃い。そして湾岸戦争後幾たびも国連決議を無視してきたことも確かだ。

他方、北朝鮮はＮＰＴ条約を脱退し、核兵器開発も公然と推進している。こちらの方が罪（？）が重いのではないか。しかし、一方には武力行使を以って臨み、他方には話し合いを以って望む。米国は国際秩序維持の基準をどこにおいているのか。

米国のイラク開戦が現実のものとなれば、国際政治史に新たな時代を画する新事態である。ある国が、他の国を自国および国際社会にとっての脅威と見なして、先制攻撃を仕掛けるという行為は、これまでの国際法の体系では全く許されない行為である。そうした自衛のための先制攻撃の権利が、なぜ米国には許され、他の国には許されないのか。

それらは米国が卓絶した強者であるからという以外に理屈は立たない。

湾岸戦争後米国の存在は国際社会で超越したものとなり、例えて言えば米国幕府が開かれたにも似ている。国際社会への脅威を米国が一方的に指弾し、国連に朝敵追討の宣旨を強要し、麾下の諸国に軍役と戦費を割り振る。断れば逆に追討されかねない。いま国連で繰り広げられている事態は、平家追討の院宣をどの時点で出すか、錦の御旗をいつ渡すかの宮廷政治のようなものだ。

アメリカの単独行動主義は、これまで積み上げられてきた国際政治の枠組みと全く異質のものだ。これは少なくとも戦後世界と日本が理念としては追求してきた集団的安全保障(国連)とは全く異なる。いくら非弱な同盟国とはいえ、米国の単独行動主義にこれほど無批判に追従するだけでよいのだろうか。

今の米国の武力を持ってすれば、フセイン政権を打倒することはたやすいことかも知れない。しかしそのあとにどのような秩序を打ち立てようとしているのか、全く展望が立たない。米国では第二次大戦後の日本占領をモデルにするという説があるらしいが不可能だ。単一民族で、政党政治の伝統と天皇を頂点とするしっかりした統治機構があった日本と、アラブ世界を同一に考えること自体が、米国の思い上がりというものだ。実際彼らはパレスチナ紛争解決の糸口さえ見出せないでいる。

イラクやイランに親米安定政権を作るなどは、夢物語ではないか。かつてベトナムやカンボジアでもできなかったのに、アラブでできるわけがないだろう。結局武力による成果は、武力によって維持しつづけるしかない。米国とその与国は断続的な軍事介入と戦費負担に悩まされることになるだろう。日本も否応なくその片棒を担がされる。

米国の意図がどうあれ、米国のイラク攻撃は、ユダヤ、キリスト教文明対イスラム文明の対立の色彩をもつことになるだろう。少なくともアラブ諸国の民衆の受け止め方は圧倒的にそうなる。

日本はイスラム世界の紛争当事国であったこともなければ、三大一神教（ユダヤ、キリスト、イスラム）の抗争とも一切無縁のままきている。かの地を植民地化し、今日の紛争の遠因を作った西欧諸国とは全く異なった国際政治上の立場を持っている。

イスラム文明諸国には、十九世紀以来、非西欧非キリスト教文明圏で唯一近代化に成功した日本に対しての強い共感の気持ちがある。日本人はこのことを大切し、国際社会を生きる資産にしなくてはならない。日本は米国と同盟を結び、西欧文明に漬かっていてもこのことを決して忘れてはならない。われわれはどこまで行っても西欧人になることはできないのである。

米国に同化しきって生き残ることはわれわれには決して許されない道なのだ。それにもかかわらず、である。日本には米イ開戦に際しては、対米協力しか選択肢はないということだ。これを苦渋の選択といわずして何というのか。

問題は、事ここに至るまで、日本が国際社会に対して、またイスラム諸国に対して、この苦渋を伝えられないままに、何ら共感を呼ぶメッセージを伝えられないままに、来てしまったということである。

杉本苑子『孤愁の岸』は、幕府から木曽川、長良川の治水工事を命じられた薩摩藩の苦闘を描いた傑作だが、米国の対イラク戦争に日本がどう処すべきかを思うとき、この物語を思い出さざるを得なかった。強者の正義に付き合わされる関が原の敗者の悲哀が主題だ。

それは近代日本の孤独と悲哀に似ている。

総理からも外相からも、日本が今迫られている選択の苦しさが全く伝わってこないのはどうしたことだろうか。彼らには今日本が立っている孤愁の岸が見えないのだろうか。

イラク戦争以後

平成十五年七月七日

イラク戦争は、現在の米国の卓絶した力を全ての国家の指導者と国民に可視的に認識させた。この卓絶した軍事大国にまともに対立したらどういう目に合わされるか、その恐怖の思いが世界を覆った。

冷戦時代以来、米国の安全保障戦略は封じ込めと核抑止論を基本とし、武力行使は侵略や攻撃があった場合の対抗手段として位置づけられていた。またそれは、自ら創設した集団的安全保障（国連）への一定の尊重姿勢を背景としていた。

ソ連崩壊後の一時期、国連安保理を機能不全に陥らせていた米ソ対立が解消されたことから、冷戦後の世界秩序維持の主役として国連への期待感が一挙に高まった。湾岸戦争時の国連決議に基づく多国籍軍はこうした時代環境を背景にしていた。

しかし、その後国連による国際紛争解決への試みは、総じて期待はずれに終わった。米国は国連を尊重し、集団的安全保障の枠組みの中に自国を位置づけて世界秩序維持に当たるという行き方に次第にわずらわしさを覚えるようになった。IT革命に主導された九〇年代の米国経済の好調と軍事技術の飛躍的向上が一層米国を一国行動主義へ誘惑した。

クリントン政権もコソボ紛争で国連決議なしでNATO軍による攻撃を行ったが、九・一一テロは米国の国連離れと一国行動主義を決定的なものとした。現米政権はテロを共産主義に代わる脅威として位置づけ、テロ組織への大量破壊兵器の拡散を防止するためには、「予防的な先制攻撃」が正当化されるという、いわゆるブッシュ・ドクトリンを打ち出した。

ブッシュ・ドクトリンのもう一つの含意はこの権限（予防的先制攻撃）を米国以外の国が行使することは許さない、ということだ。インドがパキスタンの核保有を自国への脅威として先制攻撃を仕掛けたり、同様に日本が北朝鮮に先制攻撃を仕掛けることを許すものではない。

国際社会に脅威を及ぼす国を認定するのも、それに予防的先制攻撃を仕掛ける権利を有するのも、それへの協力を各国に呼びかける権限も、米国にのみ許される、ということだ。

集団的安全保障（国連）とは、この「国際社会への脅威の認定権限」を諸国から取上げて、国際機関に移すというのが本質だった。ブッシュ・ドクトリンは、ウェストファリア条約以来の主権国家平等の国際秩序にも、戦後の国連集団安全保障体制からも、大きく逸脱するものであることは誰が見ても明らかである。国際政治史は全く新たな局面を迎えたといえる。

イラク戦争はまたアメリカの寛容と自制で成り立っていた西側同盟が、過去のものとなったことも白日の下に曝した。「いまワシントンから提示されているのは、一種の主従関係システム」（K・ウォルフレン）との指摘さえある。西側同盟が所与の敵として特定していたソ連の崩壊により、NATOも日米安保も同盟成立の根拠を喪失した。それぞれの同盟は、新たな定義づけが必要となり、日米安保についても、より普遍的な地域安全保障システムとしての再定義が試みられてきた。

しかし、西側同盟は敵が決まっているからある程度平等な国家関係に落ち着いていたのであって、所与の敵が存在しない場合は、誰かが、誰が敵か、を決める決定権を持つことになる。その決定権者を決めるのは、当然のことながら「力」だ。古典ではこれを覇者と呼んでいる。

米国は確かに一国の中に多くの人種や宗教を包含し、それ自体が世界の縮図のような国だが、時々の米政権の外交政策の決定が、本当に世の為人のため、身を捨てて仁をなすようなものかといえば、そんなことはありえない。あくまで米国の国益を第一に考えたものに過ぎない。

大量破壊兵器の廃絶と独裁政権の打倒を錦の御旗としたイラク戦争だったが、戦後大量破壊兵器は見つからず、一方でイラク石油への米国支配権は確立し、戦塵冷めやらぬバクダッドには米国石油企業が殺到している。そしてイランでの日本の石油開発契約には、「ならず者国家との契約はまかりならぬ」とワシントンからストップがかかった。

米国では歴史的に、政権成立に寄与した特定企業、産業、利益集団の利害をストレートに対外政策に持ち込む傾向がある。また米国は自国流の自由や民主主義、あるいは経済原則を至上のものと考え、世界の様々な伝統や文化の価値と多様性を軽視しがちだ。

そういう国が卓絶した軍事力を持ち、自国の利害によって国際秩序への敵を認定し、予防的先制攻撃の権利を鼓吹して、諸国を駆り催し、各国を敵味方に色分けして対応する。もしそんな事態が日常化したらたまったものではない。それでは米国は幕府と変わらない。これを「帝国化」と呼ぶ論者もいる。

テロが共産主義に変わる世界の脅威であり、戦争が国家対国家から、国家対テロ組織への戦いに変わったのだというブッシュ・ドクトリンの現状認識はわからなくはない。しかし、では米国がテロ支援国家とか悪の枢軸とか認定した国の政権を予防的先制攻撃で打倒し、同盟（従属）国が復興を支援するという方式で、国際秩序は安定し、テロは根絶できるのだろうか。

米国の今の軍事的能力からすれば、さらにリビアやイランまでも軍事的に制圧することは可能だろう。しかし、そこに新たに秩序を打ち立てることは至難のことだ。実際アフガニスタンでさえ未だ混乱の中にあり、安定した統治の実現の見込みも立たない。そこに現出しているのは小規模テロの日常化だ。米現政権の戦略は、戦後コストの膨大さによってやがて大きな困難に直面することとなろう。

強大な国家が登場したときの、諸国の対応は、古来「合従」か「連衡」かのいずれかに傾く。戦国時代に秦が強大化したとき、弱小諸国が同盟して秦に対抗したのを合従といい、それぞれの国が秦と同盟して自国の安泰を図ろうとしたのを連衡といった。今回独仏は合従し、日英は連衡の道を選択した。

「合従」は、九〇年代を通じてユーロ圏を形成し、ドル支配からの脱却と政治的対抗力づくりを周到に進めてきた独仏にして初めて可能な選択である。九〇年代にますますドルへの依存を深め、しかも中国との合従がありえない以上、日本には「連衡」策以外に道はない。しかし、われわれはアングロサクソンではない。非白人非キリスト教国家として歩んだ近代日本の苦闘を、アラブ・イスラム諸国家の現在に重ね合わせる視点を失ってはならない。

「戦争は一国でも始められる。しかし平和は一国だけでは作り出せない」。ドゴールの衣鉢を継ぐシラクが、ブッシュに言ってのけた言葉だ。ここまで明確でなくても良い。しかし、われわれの米国追随が苦渋の選択であることを世界に、アラブに伝える道はあったはずだ。「対米配慮」だけが、外交政策決定の主要因になっている現状は、まことに憂うべき事態だ。

イラク戦争後の世界秩序で、米国の軍事力が一義的な意味を持つことは誰も否定し得ない。そして、それが世界にとっても、日本にとっても、好ましいものでないことも今述べたとおりだ。では、その米国の超越的な権力を誰がどのようにして正常に機能させるのか。それが世界史の新たな課題として現前している。

米国主導の力による世界秩序作りに代替する可能性が多少ともあるとすれば、それはやはり「国連」にしかない。われわれは連衡の内側に身をおきつつ、国際秩序のもう一つの形成力たる国連の権威回復に努める過程で、自立の道を模索するしかあるまい。

連衡の内側から米国の行動を掣肘していく――われわれにはそれ以外に道はない。しかしそれは言うは易く行なうは難い。自らの弱さを知り、しかも誇りを失わず、国益を負い、政治的英知と堅忍不抜の精神でわれわれを導く政治指導者が今の日本にいるだろうか。

イラク戦争五年
――『カナダはなぜイラク戦争に参戦しなかったのか』を読む

平成二十年四月四日

イラク戦争もはや五年を経過した。この間、開戦の大義名分であった「大量破壊兵器」はついに発見されず、また「アルカイダとの繋がり」もなかったことが、米国自らの調査で明らかにされた。それでもなお、ブッシュ大統領は「フセインを追放したのは正しい選択だった」と、開戦五周年に際して語った。

フセイン政権が強圧的な独裁政権であったことは事実だが、その程度の独裁国家は北朝鮮はじめ他にいくらでもある。フセインさえ倒せば民主的なイラクが生まれ、中東全体に民主化の流れが広がるという「民主化ドミノ論」などは、地域の歴史と実態を無視した空論であり、全くの絵に描いた餅だった。

いまや、米国内の世論も、他の諸国の世論も、この戦争が「大義なき戦い」であり「誤った戦争」であるとの見方が大勢となっている。

米国が、この大義なき戦いを始めようとしたとき、諸国家とその指導者たちがどのような態度を取ったか、将来、歴史が厳しく検証するところとなるだろう。日本と日本の指導者の対応は、その検証に耐え得るようなものだったろうか。

イラク戦争開戦時の諸大国の態度は次のようなものだった。英国は米国と共に攻撃に参加し、日本とイタリアはこれを支持した。フランス、ドイツ、カナダ、ロシア、中国がこれに反対を表明した。

旧共産圏の中露の反対は当然だが、旧西側陣営の対応も分かれたのである。ドイツとフランスが、国連安保理にあって、イラク攻撃を明示的に認める「第二決議」の採択に強く反対し、開戦時には共に不支持を表明したことはよく知られている。

意外なのは、日本以上に米国に軍事的にも経済的にも深く依存するカナダが、はっきりイラク攻撃反対の立場をとったことだ。

吉田健正著『カナダはなぜイラク戦争に参戦しなかったのか』は、この辺の事情を詳らかにしてくれる良著である。

開戦に際して、当時のカナダ首相クレティエンは「もし新たな安保理決議なしで軍事行動が進めばカナダは参加しない」と明言したのだ。

カナダは、日本のように一国平和主義に固まった国ではない。むしろ国連平和維持活動などでは多くの軍隊を海外に派兵している。またアフガニスタン攻撃の際には積極的に参戦した。

著者は言う。「そのカナダが米国が主導するイラク攻撃には参加しなかったのである。カナダには、たとえ米英と共同行動をとらなくても、少なくともその軍事行動を支持するという選択肢もあったはずであるが、あえてその道を選ばなかった。理由は、国連安保理の決議によらない、大義に欠けた戦争だから、ということにあった」と。

米国からの報復を懸念する声や対米同盟優先を主張する声もあったが、カナダ国民の七割が首相を支持した。

駐加米国大使がカナダの対応に「失望」を表明した際、クレティエン首相はこうコメントした。

「もちろん米国は失望している。われわれも、この問題で合意できなかったことに失望している。しかし、独立した国家として、われわれはときに意見が合わなくても、よき友人でいられる」

なかなかの識見と胆力というべきだが、これは首相個人の見識もさることながら、多国間協調主義という長年にわたるカナダの外交政策の伝統に由来するものであるらしい。

私はカナダの政治に詳しくないし、この著者のこともよくは知らないので、確信を持っては言えないのだが、この本の内容を信ずる限りおいては、カナダの多国間協調主義は筋金入りのもののようだ。

クレティエン首相は米国のイラク攻撃の直前にこう述べている。

「わが国はグローバルな問題に対するマルチラテラル・アプローチ（多国間協調路線）への強い信念を築き上げてきた。……もし戦争が避けられないなら世界は国連を通じて対応すべきだ。それこそ、こうした状況下で軍事力の行使に正当性を与える最善の方法だからだ」「米国は、世界の支持を仰がなければならない。そのため、『文明の衝突』と見られることは、絶対に避けなければならない。国連を最大限に活用することでそのリスクは最小限に抑えることが出来る」

カナダの多国間協調主義は、圧倒的な影響力を持つ米国に対して、カナダが主権国家としてのアイデンティティを維持するための政治的英知という側面を持っている。

そこには、対米関係（同盟）を健全に機能させるためには、多国間協調主義（国連）が必要なのだという、きわめて現実主義的な発想が見て取れる。小沢一郎氏の国連重視論は、日本ではかなり例外的なものだが、これに似た発想だろう。

冷戦後の日本の外交政策は、表向きの国連中心主義とは裏腹に、極端な二国間主義に傾いている。日本には、日米同盟信仰や、それに相対する国連信仰があるだけで、カナダのような両者を結びつける現実的な政治理念が欠如している。

日米同盟信仰からは、「米国といつも行動を共にしていれば大丈夫」という事大主義路線か、「アメリカの要求にどの程度応じるか」「アメリカが怒りはしないか」などの対米配慮外交しか生まれてこない。国連信仰派には、たいていの場合、海外派兵の覚悟がない。

それにしても、白人キリスト教文明の国であるカナダの首相が、「文明の衝突」という言葉まで引用して、イラク攻撃に危惧の念を表明していたとは知らなかった。歴史の検証に耐え得る態度であることは疑いない。

では、このとき日本の宰相はなんと言っていたか。

「もしも、今後、危険な大量破壊兵器が、危険な独裁者の手に渡ったら、どのような危険な目に遭うか、それはアメリカ国民だけではありません。日本も人ごとではありません。……今回ブッシュ大統領いわく、これはイラクの武装解除を求めるものであり、イラク国民に対する攻撃ではないと。イラク国民に自由を与える、将来豊かな生活を築き上げるような作戦だと言っております。私もそうだと思います。日本としても、この米国ブッシュ大統領の方針を支持してまいります。」（開戦当日の首相記者会見）

この小泉首相の、空元気ばかりで理念もなく、見通しも甘い発言を読み返すと、一国民としてまことに情けない思いを禁じえない。

第二章　制度改革への視点

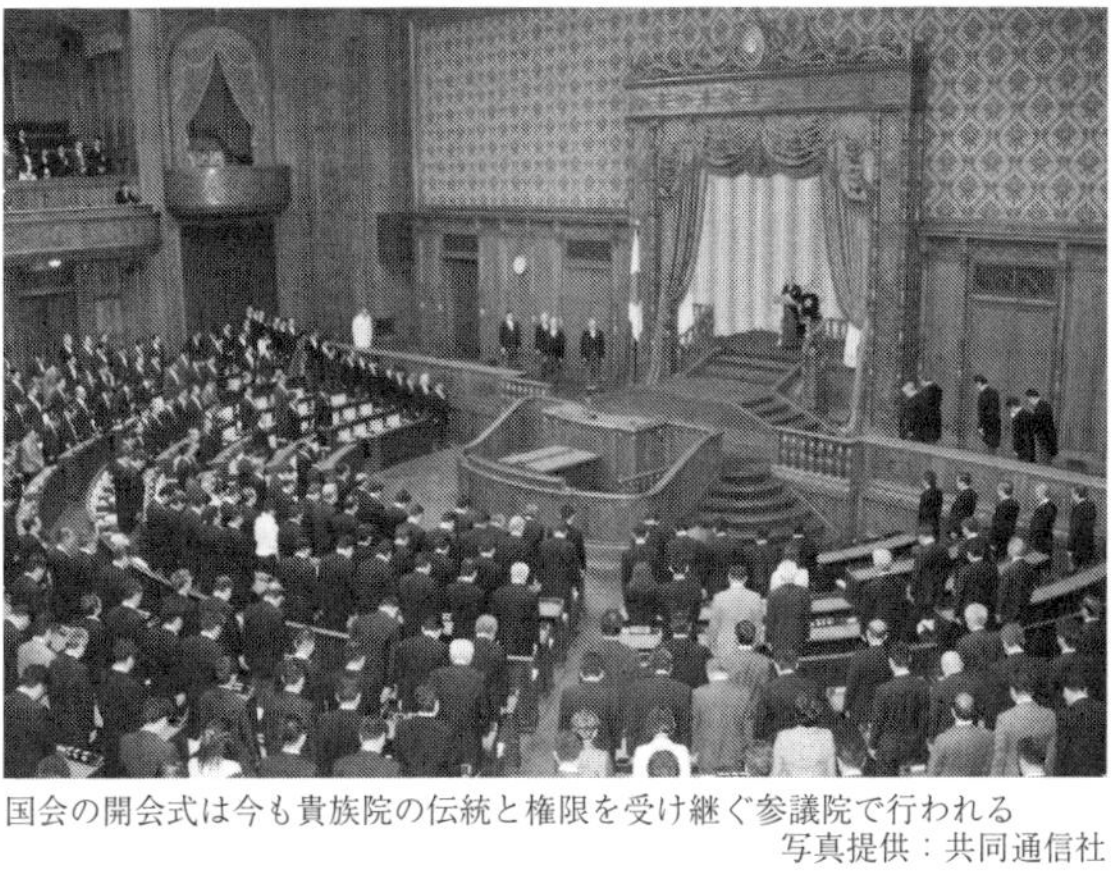

国会の開会式は今も貴族院の伝統と権限を受け継ぐ参議院で行われる
写真提供：共同通信社

道州制への疑問

平成十六年五月二十三日

今最近また道州制を期待する議論が盛んになっている。

現在の都道府県の区画は明治の中期に確定したものだが、大正期ともなると、急速な近代化の進展を受けて、これが経済社会の実態と乖離したものとなっているので、全国をより広域の行政区画に再編成すべきという提言が出始めた。道州制構想は、戦前の田中義一内閣の州庁設置案を嚆矢として、最近の地方制度調査会の答申に至るまで八十年近い歴史を持ち、その時々の時代環境を反映し、その内容を変化させつつ今日に至っている。

最近の道州制論の特色は、都道府県の区画が経済実勢に合わない、という伝統的主張に加えて、地方分権推進の観点から国の権限移譲の受け皿としての期待が込められている。

経済活動のグローバル化や行政需要が広域化しているのは事実だし、国に権限と財源が集中しすぎている現状を改め、地方分権を進めるべきだというのも頷ける。しかし道州制の導入が、その要請を二つながら解消する妙案だという発想は、にわかには受け入れがたい。

道州制の問題点は、経済的視点と地方自治の視点が混同されているところにある。経済活動という点から言えば、地方の中小企業がどんどん海外に出て行く時代であり、県の範囲どころか、予想される州の規模でも狭すぎる。経済のグローバル化時代に、州が国の許認可権を受け継ぎ、行政優位で経済政策を展開するというのは、時代錯誤もはなはだしい。

日本の多くの県は、人口でも、経済規模でも、アメリカの中程度の州に匹敵する。群馬県の県内総生産（約七二〇億ドル）は、シンガポールのＧＤＰ（約九二〇億ドル）より小さいが、ニュージーランド（約五〇〇億ドル）よりも大きい。

道州制の実現が、あたかも国の財源と権限の移譲を受けるために必須の要件であるかのようにいわれているが、国際比較から言えば、県が国の権限を引き継ぐ上で小さすぎるということはない。分権が進まないのは、県の規模や経済力が小さいからではなくて、中央官庁が財源と権限を手放したくないからに過ぎない。

道州制論には、東京一極集中や画一的な国土開発の弊害を改め、個性ある地方の発展を目指すために、という地方自治の観点からの発想もある。

しかし、民主主義の基盤として、また伝統や文化の基盤としての地域という観点からすると、今の県でも大きすぎる。住民自治が本当に機能するには、住民が負担とサービスの関係を適切に判断できる規模の自治体でなければならない。道州制論者は、それは基礎自治体（市町村）の役割だ、と言うだろう。確かにそのとおりで、分権、自治の担い手は基礎自治体にこそある。

現在の道州制論議の多くは、国からの権限委譲を望む県レベルから発信されている。財源と権限の面で国が都道府県をがんじがらめに縛り、細かいところまで口出しする現状への苛立ちは、私も道府県の職員と怒りを共有している。しかし彼らの道州制への期待には、無意識のうちに、県が州に昇格する、県職員が国の官僚と同じ権力を持てるようになる、という出世主義的発想が見え隠れしている。

国と県の関係と同様、県と市町村も従属関係にある。今国が持っている権限の多くを県に移譲したとしても十分こなしていけるように、県の権限もまた市町村に移譲されて然るべきものばかりなのだ。一人当たりGDPで世界一を誇るルクセンブルグは人口わずか四〇万人だ。財源と権限さえ与えれば、日本の地方都市の多くは相当の統治能力を発揮するだろう。

もし、地方分権の徹底という視点から道州制を目指すというなら、県のほとんどの権限は基礎自治体に委譲されるはずだ。大半の県職員は州官僚ではなくて、市町村職員に格下げ（?）ということになる。本当に分権社会を作ろうというなら、県の分割こそ必要なことなのだ。「分権は分県」から始めなければならない。

私は今行われているような権限の伴わない市町村合併には反対だ。また国と県との従属関係を、州と市に移し変えるような道州制にも反対する。むしろ県の解体、分割という視点で、まず強い権限を持つ基礎自治体を再編することを優先したほうが良い。その上で緩やかな結合体として州（広域自治体）を設けるという道州制論ならば賛成しても良い。

経済のグローバル化は避けられない時代の趨勢である。経済的統合が進むEUでは、一方でローカル化ともいうべき流れが顕著だ。ベルギーの連邦化やチェコとスロバキアの分離独立などはその象徴である。また各国で地方分権への改革が進んでいる。グローバル化する経済に対応しつつ、伝統や文化の基盤としての国あるいは地域の独自性をどう維持していくか。それはEUのみならず、これからの日本にとっても大きな課題なのだ。

グローバル化とローカル化という二つの背反する時代の要請への回答として、EUはマーストリヒト条約において「補完性の原理」を掲げた。補完性の原理はもともとカトリックの原理で「問題はより身近なところで解決されなくてはならない」という考え方だが、私はこれを、日本の地方制度改革の理論とすることを支持している。

個人や家庭でできることはすべてそのレベルでやる。できないことは住民やNPOがやる。彼らができないことを基礎自治体が引き受ける。基礎自治体ができることはすべて基礎自治体がやり、できないことだけを広域自治体が行う。広域自治体ができることはすべて広域自治体がやり、国は外交、防衛、マクロ経済政策だけを担当する。そして必要に応じて通貨の発行権など国家主権の一部も、ＥＵのような国際機構に移譲する……。

日本の地方制度改革に必要なのは、地中途半端な道州制ではなく、補完性の原理に基づき、基礎自治体に大きな権限と財源を付与する改革を断行することだ。そしてそのためには、憲法改正が避けて通れない。

自治体の「政治的適正規模」

平成十七年五月三十日

フランス、オランダで相次いで行われたEU憲法批准の是非を問う国民党投票は、いずれも反対が多数を占めた。私たちも経済的統合が進めば、いずれは政治的統合が達成されるはずであり、それは無条件でよいことなのだ、といささか単純に考えがちだったかもしれない。

友人の津川悟記者（日経新聞欧州支局）は、否決の要因の一つに「急拡大でEUの機構も肥大化し、市民からするとEUが手の届かないところで暴走しているという印象をもたれた」ことを指摘しているが、なるほどと思った。

話は小さくなるが、一段落した平成の市町村合併でも、住民投票で合併反対が多数を占め、行政の決定が覆されるという事例が各地で見られた。群馬県内でも吉井町などは、合併派と自立派が町を二分して争い、結局住民投票で「自立派」が多数を制した。

今回の「平成の大合併」について、私は、どちらかというと批判的に見てきた。この合併が政治的にも経済的にも本当に地方の自立につながるものだとは、今も思っていない。

今回の平成大合併の背景には、国と地方の深刻な財政危機があった。その財政危機の本質を糊塗して、自治体の規模拡大ですべてが解決すると考えるのはとんでもない誤りだろう。

多くの地方自治体が九〇年代に財政危機に陥ったのはなぜか。決して自治体の規模が小さかったからではない。昨年片山鳥取県知事にお会いした際、彼は明快にこう言った。

「地方財政が破綻するほど借金を積み重ねたのは、政府が景気対策として公共事業や単独事業を奨励したからだ。これらの事業は地方債で賄われ、その償還財源は地方交付税を上乗せして面倒を見るから心配ないと言われた。全国の自治体はそれを信じて争うように大量の公共事業を実施した。ところがその償還のピークに差し掛かった今、交付税を増額すると約束していた政府が、交付税を一方的に大幅削減してきた。これでは財政破綻に陥らない方がおかしい」

平成の大合併が「分権の受け皿作り」というのは体のいい名分に過ぎない。実際は、片山氏の言うとおりで、地方交付税特別会計は五十兆円もの赤字に陥っており、財政再建のためには地方交付税の縮減は避けられない。財源の大半を国の交付金と補助金に頼っている弱小町村を整理しないことにはどうにもならないというのが、国の意図するところだった。

片山氏は言う。「財政難に陥った自治体に、国は合併特例債という、景気対策と同じ交付税の先食い手法で臨んだ。悲しいことに自治体は餌で釣られ、モラルハザードが起きている」

合併特例債とは、合併する市町村の新都市建設計画事業の九五％に起債を認め、その償還の七〇％は地方交付税で面倒をみるという、一種の合併奨励策である。国は一方で交付税の大幅削減、他方で特例債と、アメとムチの使い分けで自治体を合併に駆り立てたのである。特例債は、片山氏がモラルハザードというように、名を変えた新たなバラマキ財政であり、自治体の財政危機をさらに深める恐れさえある。

戦後の高度経済成長、バブル経済、その後の景気対策の大盤振る舞いが続く中で、多くの地方自治体で公共事業は基幹産業化した。この経済構造を変える努力をしないことには地方経済の本当の活性化も自治体の自立も難しい。もちろん全ての公共事業が不要だというのではない。最大の問題は、それが本当に必要なものなのか、適正な価格で行われているか、地方政治の場でこれらを的確にチェックする機能が働かないことなのである。

日本では人口が多くなるほど行財政権限も拡大するという自治体制度になっている。では、経済圏の拡大に合わせて政治や行政の範囲も拡大していけば、地方政治は活性化し、行財政の効率化は進むのか。むしろ逆だろう。自治体の規模拡大で、行政の効率が良くなるとか、地方議会のガバナビリティが向上するなどということは幻想に過ぎない。大きければ無駄も多くなり、議会の監督も不可能になる。最近発覚した大阪市役所の不祥事がよい例だ。

「地方行政の効率性」という観点からの都市の最適規模の研究（吉村弘『最適都市規模と市町村合併』など）はあるが、「地方政治の統治能力」「地方政治の行政監視能力」という観点から最適都市規模を研究した業績というのは見当たらない。

前記吉村氏などの研究によると、日本の都市の最適規模は人口二〇〜三〇万人程度とされるが、欧米の地方都市に比べて大きすぎる感じがする。

実証的研究があるわけではないが、統治権力が定期的に交代するには、自治体の規模が小さすぎても大きすぎても良くないように思われる。

経済的活力を喪失し高齢化が進んだ過疎地域では、政争を展開するエネルギーは生まれにくい。しかし一方で、二〇万、三〇万の人口規模の都市で、しばしば多選の弊害が生ずる。行政機構が肥大化して、議員や住民の日常的感覚ではその欠陥が見えにくくなってしまい、議会のチェックも利きにくくなる。かえって批判勢力が育たないのだ。

前述の吉井町は昔から政争の激しい町として知られる。町長選や県議選をめぐって、福田派、中曽根派が二大政党のように争い、権力交代劇を繰り返してきた。こうした両派の争いを「醜い権力争い」と忌避する人たちも多いが、私はそれはそれで好ましい政治競争であり、吉井町には「民主主義がある」と感じてきた。

実際アメリカの二大政党の抗争もこんなもので、それほど高尚なものではない。地域の人脈が民主、共和両派に分かれて権力を争うところは吉井町となんら変わらない。そこに多少、買収供応の古典的な選挙慣習が絡むことを除けば、だが。因みに吉井町の人口は約二万五七〇〇人で、アメリカで言うとモンタナの州都ヘレナとか、ケンタッキーの州都フランクフォートなどと同じ規模だ。

私は、地方「政治」という観点からすれば、自治体の規模は大きすぎない方が良い、と信じている。小さい自治体の方が、住民にとって「政治」が見えやすいからだ。自治体の「行政的適正規模」ということより、地方政治のガバナビリティというか、地方議会や住民の行政監視能力の観点から、自治体の適正規模（自治体の「政治的適正規模」）を考え直すことが、いま重要になっているのではないだろうか。

自治体の「政治的適正規模」②

平成十七年六月二十八日

さて、前回の本欄で、自治体の規模について論じたところ、意外というべきか、賛否さまざまの反応があった。文中に引用した日経新聞欧州総局の津川記者からは「まったく同感」とのご意見をいただいた。他方、自治体が住民の期待するサービスを十全に提供するには、しかるべき大きさが必要であり、市町村合併は当然だ、という意見もあった。

主要先進国を見ただけでも基礎自治体（市町村）の大きさや数はまちまちであり、一概にどの程度の大きさが適切か判断することは難しい。それぞれの国の政治的伝統や国民性に由来するもののように思われる。

大別すると、政治的あるいは文化的要素を重視している国と、行政的あるいは経済的要素を重視している国に分かれる。前者の典型はフランスであろう。主要先進国の基礎自治体数を比較すると、フランスが最も多い。

三万六〇〇〇ある基礎自治体コミューン（市町村）の区域は、フランス革命以前から変わらない。また基礎自治体の平均人口（一六〇〇人）も先進国中最も少ない。その上に九十六の県（デパルトマン）が置かれていた。フランス革命のころ、県都から日帰りできる範囲という基準で県域が決められた。一九八二年の地方分権法制定で、さらに二十二の州（レジョン、「圏」とも訳されている）が置かれ、現行の三層制の地方制度となった。

フランス革命のころ、ジャコバン派は革命的中央集権国家の形成を目指していたため、地方自治重視のジロンド派が粛清されたことはよく知られている。以来、フランスの地方制度は、日本同様きわめて中央集権的なものであったが、地方分権法（正しくは「コミューン、デパルトマンおよびレジョンの権利と自由に関する法律」）により、自治体の自主性は飛躍的に高まった。その詳細については省略する。

フランスのコミューンについていうと、それが行政サービスの供給能力とイコールでなければならないという思想は全然ない。基礎自治体の存在意義が、教育とか福祉とかの行政サービス供給のためでないとすれば、その供給能力の維持向上のために市町村を合併しなければならないという発想も生じようがない。

フランス政治の際立った特色は「公選職兼職」の制度である。フランスの国会議員の八割が、市町村、県、州の長または議員を兼ねている。歴代首相を見ても、ドゴール時代のポンピドゥはどこかの市会議員だったし、シャバンデルマスはボルドー市長、ミッテラン時代のディフェールはマルセイユ市長、シラクはパリ市長を兼ねていた。現在も人口一〇万人以上の市長のほとんどが国会議員を兼任している。市議会議員の多くが県会議員や州議会議員を兼ねている。

さらに上院の選挙は、下院議員、州議会議員、県会議員の全員とコミューン議員の代表からなる選挙人団の間接選挙で選ばれる。二〇〇三年の資料では、上院議員の総数(三二一)のうち、市町村長が一二五人、県会議員および県知事が一三〇人、州議会議員および州知事が三五人となっている。

つまりコミューンは多くの国会議員にとって、拠って立つ足場であり、そのことがコミューンに代替不能の政治的存在意義を与えているのである。中央集権の長い歴史の中で、一見基礎自治体の政治的影響力が弱いようにみえるフランスだが、実は公選職の兼職制度を通じて、伝統的に大きな政治的影響力を保持してきたのである。

八二年の分権改革法の制定過程においても、コミューンの再編は議論の外だった。もちろん再編推進論はあったのだが、フランスの政治的文化的伝統がそれを許さなかった。それはコミューンが、伝統的コミュニティとしての強い凝集力をもっているとともに、政治的に重要な単位になっているからである。

基礎自治体の存在意義を、行政サービスの供給主体として位置づけ、供給すべきサービスの拡大に応じて、自治体の規模も拡大するという行き方の典型は、北欧の福祉国家に見られる。

スウェーデンでは、二十世紀中ごろには約二五〇〇の基礎自治体（コミューン）があった。それが福祉国家化の進展とともに強制的な合併が進み、現在では二八九に減少している。その平均人口は約三万人であり、ヨーロッパ諸国の中では最も多い方である。地方制度は二層制で、広域自治体としての二〇の県が置かれている。

合併で規模拡大したコミューンには大きな権限が与えられた。しかし一方、こうした規模の拡大には根強い批判があった。自治体の規模の拡大は、不可避の趨勢として、議会の形骸化と自治体運営組織の官僚化をもたらし、自治体の政策決定の細部わたる住民の参加を困難にする。

そこで一九八〇年代には、コミューンに、住民参加のために、より小規模な自治組織である地区協議会を設置する権限が与えられ、狭域自治組織の制度化が図られた。しかし、こうした狭域行政区は、現在はどちらかというと廃止される傾向にあるらしい。将来的に狭域行政区が残るのは、三大都市ストックホルム（七〇万人）、イェーテボリ（四五万人）、マルメ（二三万人）だけになるといわれている。

拡大したとはいえスウェーデンで一〇万人を超えるコミューンは十一しかない。

政治的要素重視のフランスの市町村を考えたときだけでなく、行政サービス供給能力重視の北欧福祉国家の例を考えても、平成の市町村合併で登場した新たな基礎自治体の多くは、ヨーロッパ的基準からすれば、いかにも大きい。こうした巨大基礎自治体が、果たして住民自治の単位として適切なのか、大いに疑問といわなければならない。合併後の狭域自治制度の検討もなく、こうした大型合併が進められたことに改めて驚きを禁じえない。

自治体の「政治的適正規模」③

平成十七年七月二十日

連邦制をとる米国の地方制度は、州（ステイト）ごとに異なる。米国の地方制度は連邦（合衆国）の法律ではなく、州の憲法や法律で定められる。

米国の州は、その成り立ちから「国」であり、大統領と連邦議会上下両院の選出区域としても、重要な政治的意味を持っている。それゆえ、各州の人口、経済力、広さは様々であるが、その境域は変更されることなく今日に至っているし、今後も変更されることはないであろう。

因みに、米国で最も人口規模の小さい州はバーモント州で、鳥取県と同じ六〇万人である。また経済規模（州内総生産）が最も小さいのは人口六六万人のノースダコタ州の一七〇億ドルであり、鳥取県（県内総生産約一八〇億ドル）より少ない。日本の道州制推進論では、現在の府県の人口や経済規模が小さすぎるということを無条件の前提としているが、本当に県は小さすぎるのか、少なくとも米国の州との比較で言えば、大いに疑問があるといわなければならない。

さて、話を基礎自治体に戻そう。米国の地方自治制度が、連邦制の国も含む他の諸国と大きく異なるのは、基礎自治体（いわゆる市町村・ミュニシパリティ・タウンシップなどと称される）を形成する権利が住民に委ねられていることだ。基礎自治体の多様性自立性は極め付きである。

住民は自分たちの意思で基礎自治体を創るものとされる。基礎自治体は住民による憲章制定によって創られ、州は州憲法に反しない限りこれを自動的に認める。税金はどのくらいにするか、サービスはどの程度供給するかなど、自治体の仕事の中身も住民自身が決める。

この結果、税金が高くサービスも良い自治体、税金は低いがサービスは良くない自治体など、様々なタイプの自治体が存在することとなる。住民投票で市が解散される例もある。米国では基礎自治体がない地域の人口が全体の四割近くある。

各州はその域内をカウンティ（郡）という管区に分けている。カウンティには、一般的に公選の執行機関である理事会が置かれている。カウンティは州の地方機関的な位置づけだが、基礎自治体とは上下関係でなく、相互協力関係にある。カウンティは、基礎自治体が存在しない地域のサービスをカバーしたり、自治体から業務を委託されたりする。カウンティがそのまま市になっているところもある。

このほかに米国では、特別区（スペシャル・ディストリクト）という制度がある。基礎自治体の境界を越える問題について、特別のサービスのために設立される。学校区が典型だが、そのほか上下水道、空港、港湾、消防など様々な目的のために設立されている。特別区も自治体と考えられている。首長が公選され、議会や理事会といった議決機関を備え、課税権を有しており、その税はミュニシパリティの税に上乗せして課せられることもある。

カウンティやミュニシパリティ、スペシャル・ディストリクトは、「地方政府（ローカルガバメント）」と呼ばれており、それらは現在、五十州のもとに八万七千数百も存在する。

要するに米国（の各州）には、大小様々な地方政府が存在し、またその形態も様々である。そして、税負担も、公共サービスの質や量も様々である。そもそも、税収とサービスのパターンを決めるのが、基礎自治体の役目であり、それは住民の意思によるものと考えられているのだ。

また、地方政府の統治システムもきわめて多様である。日本と同じように公選の市長が行政権を握る市長統治型、市長は名誉職で実際の行政権は議会が任命する専門家が握るシティマネージャー型、公選市長が行政権を専門家に委任する行政管理官型など、いろいろの形態が並存している。

米国の基礎自治体の市長（議長が兼任している例も多い）も議員も基本的にボランティアである。また議員の数も極めて少ない。人口七〇〇万人のニューヨーク市、三〇〇万人のシカゴ市でも五〇人、他はボストン十三人、サンフランシスコ十一人など大都市でも大体一〇人から二〇人くらい、通常は数名だ。

議会の様相も日本とは大きく異なる。市長も議員もボランティアだから、議会はたいてい夜開かれ、多くの市民が参加する。議会は、議員が行政（役人）に質問する場ではなく、議員が一般市民の質問に答え、議論しながら、政策を決める場なのである。大勢のときは二分、三分と限定されることもあるが、発言を希望する市民は必ず意見を言う機会が与えられる。そうした議会のあり方を保障する「公開議会法」がどの州にも自治体にも整備されている。

住民の公選による首長と議長の二元代表制による戦後日本の地方政治制度は、アメリカ合衆国の地方制度を参考にしたものといわれる。われわれは、これが欧米の普遍的な地方統治システムだと思いがちだ。しかし、米国でもヨーロッパでも、議会で首長を選ぶ議院内閣型や、議会の議長がそのまま首長になり、議員が行政を分担する議会執行機関型なども、多く見受けられる。

確かに米国の自治体制度は、あまりに多様でユニークでありすぎる。日本の現実とは乖離していて、そのまま導入にすることは困難だ。しかし、自治体を徹底して民主政治の基盤として考え、実践している姿は、実に魅力的なものだ。

そこには、「国が一律に決めた行政サービスを供給する能力のない自治体は存在意義がない」かのように考えられている日本的常識とは、まったく別の世界がある。

原理主義的にいえば、真の地方自治とは、住民が自ら自治体を創り、その統治形態も選択する権利を含むものだ。私は先に鳩山由紀夫氏の新憲法試案起草のお手伝いをしたとき、こうした考え方を反映した素案を提案し、鳩山氏も同意見であったので、その点きわめてユニークな憲法試案が出来上がったことを付記しておきたい。

多選禁止へ

平成十九年六月十二日

五月三十日、総務大臣の諮問機関「首長の多選に関する調査会」が「多選禁止は憲法違反ではない」とする報告書を明らかにした。

「地方公共団体の長の日常の行政執行は、事実上選挙運動的効果をもっているという指摘がある。そして、それが長年にわたって積み重ねられる結果、現職の長を前提とする一定の政治構造が構築され、選挙の実質的な競争が損なわれているとすれば、選挙における競争性を確保し、政策選択の幅を広げる手段の一つとして多選制限を位置づけることができると考えられる」

「現職の長を前提とする一定の政治構造」とは何か。すなわち、知事や市長が税金を使って色々な事業をやっているうちに、その恩恵を受ける個人や団体が、その仲介者である役人とともに利益集団化し、やがて県庁や市役所を中核にした現職首長の後援会のようになってしまう事実をいう。

選挙を重ねるごとにこの政治構造は強化され、現職への挑戦者は出にくくなり、この構造はさらに強化される。役所と敵対したくないから議員も現職に擦りより、やがて議会もオール与党と化して、チェック機能を喪失していく。首長やそれを囲む側近官僚の近くにいる人が得をする構造、つまり政官業の癒着が日常化し、腐敗や不公正が表面化しにくくなる。極端な例が昨年逮捕にまで発展した福島や和歌山だが、同様の弊害は各地にある。

ところで地方政府の長の多選問題というのは、他の先進諸国では余り聞かない。先進各国のうち英国、ドイツ、カナダなど議院内閣制の国では、地方政府も議院内閣制をとっている。つまり地方議員が互選で地方政府の首相を決め、議員が閣僚になる。フランスでも自治体の長は議会の長が兼任する。だからこれら諸国では、そもそも日本的な意味での多選弊害論や禁止論もほとんどない。

イタリアは日本に似ていて、国レベルでは議院内閣制でありながら、自治体では公選制（つまり大統領制）を採っている。地方自治法典には県や市町村長の三選禁止（任期は五年）の条項もある。ただ二十年前に出来たばかりの「州」についてはまだその規定はない。

アメリカでは現在、三十六の州で知事の多選制限規定がある。といってもとくに歴史的に多選の弊害があってそういう規定が生れたということではなく、理念の表現とでもいうしかない。実際この百年で、連続で四選した州知事は一人しかいない。概ね一期か二期で交代している。

となると、地方自治体の長の極端な多選やその弊害が存在し、それ故に多選の制度的禁止を求める政治的な要請が強いというのは、日本に特有の政治状況ということになる。何故か。

日本で多選が例外でなくなっている理由の一つは、政党の問題だ。米国の民主、共和両党のように、選挙ごとに必ず対抗馬を擁立する力量が今の民主党にはない。民主党だけではなく、自民党でも難しい。首長の影の与党は、実は自民党ではなくて、「行政党」とでも呼ぶべき官民癒着構造そのものだからだ。だから自民党といえども野党になったときには、役所の権限に依存しないで、独自に対立候補を擁立するのは非常に難しい。

そのことに拍車をかけているのが、「地方政治は一党一派に偏するべきでない」とか「首長は政党と距離を置くべきだ」とかいう発想だ。これは明治以来の「行政（官僚）信仰」に由来する。官僚とか役所というものは、本来公正中立で正しいことをするもので、政党や政治家は、そこに働きかけて利益を引き出すいかがわしい存在だというイメージが根強い。「政党が政府（地方政府も含む）を作る」という、現代民主政治の常識が日本には存在しない。

大統領制がうまく機能しているのはアメリカくらいだ（衆議院憲法調査会での佐々木毅東大教授の発言）、という指摘があるように、大統領制というのは、代謝能力のある強力な二大政党に裏付けられて初めて有効に機能する。さもないと独裁やポピュリズムの弊に陥る。政党の基盤が弱体な発展途上国では、時々映画俳優が大統領になったりするポピュリズム現象が起きるが、田中康夫現象やそのまんま東現象はその日本版ということだ。

しっかりした代替勢力（強力な野党）に監視されない公選首長制は、必然的に行政の肥大化を招き、権力の濫用、業者との癒着など政治腐敗の温床となりやすい。日本の知事公選制はアメリカの州知事公選制に倣ったものといわれているが、そうした行政権力の肥大化や濫用に対する警戒心は余りに薄く、それを是正する制度的な保障が忘れられている。

例えばアメリカ各州では、副知事、財務長官、州務長官、司法長官、監察長官などが主な公職は公選制になっている。権力の集中を嫌うアメリカ民主主義ならではのことだが、今後、地方分権の進展でさらに強くなる知事権力のことを考えると、権力の濫用を防ぐ仕組みは、多選制限だけでは十分とはいえない。私は、日本でも、副知事や公安委員長などは公選職とすべきではないかと考えている。

七月に行われる群馬県知事選挙では、これまで現職を支持してきた自民党が公認候補を擁立して、五選を目指す現職と激しく対立している。その原因の一つが、副知事選任問題だった。知事は自分の後継者含みで元自治官僚を推したが、与党自民党はこれを忌避して再度にわたって否決した。副知事になった者が次期知事選を目指すとしたら、その地位は看板だけでなく、地盤、カバンの形成に大きく利するものであることは明白だ。群馬自民党の対応も故なしとは言えない。また現職知事陣営では、出納責任者に前公安委員長を当てると発表した。常識的に考えて、あってよいことではない。多選の弊害と例示されても否定できない事態だ。

民主党は従来から、首長は三期十二年までを党是として打ち出しており、自民党も今回の参議院選挙の重点政策として多選禁止の法制化を掲げた。埼玉県ではすでに多選自粛条例が成立している。群馬でも喫緊の課題だろう。

地方選挙制度改革

平成十七年三月十五日

三月十三日は友人の五十嵐文彦代議士の地元入間市の市議選挙の開票日だった。民主党は公認二人、推薦二人の候補を立てて臨み、私も立場上些かお手伝いをした。五十嵐氏の地元秘書で弱冠三十二歳の山本秀和さんが、地縁も血縁もなく半年前に入間市民になったばかりなのに、見事に上位当選を果たしたのには驚いた。

入間市ではそれまで民主党籍のある議員はゼロだったので、彼を含めて三人の民主党員が議席を得たことは画期的なことだった。しかし、それは全議席数（二十四）の八分の一に過ぎない。共産党の四議席、公明党の三議席と比較すると、国政での二大政党のひとつである民主党としては、いかにも見劣りがする。

しかしこれは入間市だけの現象ではない。先日の前橋での市議選でも民主党の公認、推薦はわずか一名ずつに過ぎなかった。ほとんどの都市で民主党は極少数の会派でしかない。何故か。

歴史的経緯や権力構造からの説明は省略し、最も単純明快な理由を一つ挙げるとすれば、それは日本の市町村議会選挙が大選挙区単記制度で行われているからである。地方議会議員の多くが保守系無所属であり、労働組合に基盤を置く議員でさえ、政党を名乗るのを忌避する傾向にあるのもそれが原因である。

大選挙区で当選に必要な票を得ようとすれば、共産党や公明党のような特殊な組織政党（それ故に恒久的な少数派）を別とすれば、地域代表的色彩を強調せざるを得ない。様々な政治的立場を持つ地元、親戚、同級生をまとめるには、「政党色を出さず、無所属でいるほうが良い」という判断が働くのは当然のことである。

民主党は党大会の活動方針で地方議員の拡大を掲げているが、大選挙区制の制度的特質を考えると容易な話ではないのだ。

無所属・地域代表を主体とする地方議会の一番の問題は、行政への対抗力が形成されにくいということである。地域代表は何よりも役所と地元の良きパイプ役であることが期待されるから、現職首長や行政と大きく対立することができない。必然的に、首長の在任期間が長引けば長引くほど、議会はオール与党化し、行政への監視機能を低下させるという悪循環に陥る。

民主政治は、中央であろうと地方であろうと、現在の政権（行政）に対しての有力な対抗勢力があって初めて健全に機能する。そうした現行行政に対して総合的な対案を体系化するのが野党の役割なのである。大選挙区制による市町村議会選挙を前提にする限り、そうした有力野党は育たない。

市町村議会選挙を大選挙区制のままにしておくことは、さらに別の問題もある。近年地方議員の供給源は極めて限定されてきている。建設業、不動産業、病院や福祉施設の経営者、大きな労働組合の出身者が大半を占め、かつては見られた学者、弁護士、医師などの学識経験者は激減している。これと並行する形で地方議員の世襲も年々拡大している。

去年、片山鳥取県知事にお会いしたときに「地方政治の問題は、議会が社会の実勢を反映していないことだ。サラリーマン層がほとんど代表されていない」と慨嘆された。実際、選挙のリスクとコストのあまりの大きさが、「普通の人」を地方議会から排除しているのだ。

では、他の先進諸国ではどうか。欧州の多くの基礎自治体（日本の市町村）の議会議員はボランティア活動の色彩が濃い。比例代表で選ばれた議員たちが、仕事が終わってから自転車で議会にやってきて熱心に議論する、そんな光景を目にすることができる。

独仏などの大陸諸国、スウェーデン、デンマーク、ノルウェーなど福祉国家では、ほとんどが比例代表制を取っている。英国では小選挙区か大選挙区連記制、米では、概ね小選挙区制である。政党政治を前提とする先進国で、地方議会に日本のような大選挙区単記制度を採用している国はほとんど見当たらない。

「日本の地方選挙に比例代表制を導入すべし」というのは、私の年来の主張だ。地方政治のオール与党化を防ぎ、行政への対抗権力つまり代謝機能をもった野党を育てるには、それ以外に有効な方法はない。有能な人材を地方議会に供給する方法も他にはない。

因みに、もし入間市議選が比例代表制で行われた場合にはどうなるだろうか。昨年の参議院選挙比例区での各党派得票に基づいて試算すれば、定数二十四のうち、民主党十人、自民党七人、公明党四人　共産党二人、社民一人。民主党は堂々たる第一党となる。

民主党が本当に次の時代を担う責任政党になるためには、その日常活動を支える地方議員拡大が不可欠だ。しかし掛け声だけでは、その実現は不可能なのであり、それは「地方選挙制度改革」の大きなうねりを創り出すなかでしか実現できない。

民主党は地方選挙制度改革をマニフェストに掲げるべきだろう。

二院制

平成十六年六月十二日

参議院選挙が目前だ。参議院自民党の実力者青木幹雄氏は、この参院選で自民が過半数を割れば小泉内閣は終わりだし、逆に民主党が負ければ年内にも分裂だ、という趣旨の発言を繰り返している。

たしかに、参議院選挙が政局を大きく左右してきたのが、冷戦後の日本の政治史だ。平成十年の参議選挙では、思わぬ敗北を喫した橋本内閣が退陣し、小渕内閣に代わった。平成十三年には、参議院選挙に勝てないという理由で森内閣が退陣に追い込まれ、小泉内閣が誕生した。

しかし、第二院の選挙結果で政権が左右されたり、野党党首の責任が問われたりという事態は、議院内閣制の下ではあってはならないことだ。他の議院内閣制国家でこういう例は聞かない。

衆議院選挙の間に、衆議院と同じような権限を有する参議院の選挙が行われ、政権維持に少なからぬ影響を及ぼすというのは、現行憲法の統治システムに潜む重大な欠陥といわなければならない。冷戦下には、社会主義を鼓吹する野党が三分の一程度の勢力に封じ込められていたために、この欠陥は露呈しなかった。

首相指名については、衆議院の指名権が優越するから、衆議院で勝てば政権は取れる。しかし、参議院は法案審議については衆議院と同等の権限を持つ。だから、参議院でもし野党が多数を占めるような衆参ねじれ現象があれば、政権は不安定であり、短命化せざるを得ない。それが細川政権が潰れた大きな要因だった。

今後、民主党が衆議院選挙で政権交代を実現したとしても、細川政権の轍を踏むことはほぼ明らかである。菅直人民主党前代表が「一院制」を提唱したのも故なしとしない。

そもそも、現行憲法草案がＧＨＱから提示されたときには、国会は一院制とされていた。連邦制国家でもなく、貴族制度もない以上、第二院を作る意味がないというのが占領軍の主張だった。これに対して、当時日本政府の憲法改正担当相であった松本烝治国務相が強く要請して参議院が設けられたのだ。

これはＧＨＱが日本側の修正希望を受け入れた稀な例であり、貴族院的な伝統を残したかった松本氏は、これを自己の功績として誇った。しかし、ＧＨＱはあらかじめ日本側が二院制にこだわるだろうと予想し、二院制復活を交渉のカードとしていた事実が後に明らかになった。松本氏はあまり本質でないところで頑張ったわけである。

学説上、二院制の類型は①貴族院型②連邦制型③民主的二次院型の三つに分けられる。①はイギリス、カナダ、②はアメリカ、ロシア、ドイツ、③は日本、イタリアがそれにあたる。

このうち世襲制の貴族院的上院は過去のものとなりつつある。ブレア政権の下、英国では上院の大改革が行われ、上院から世襲貴族が排除された。それでも上院無用論は絶えない。

連邦制国家では、連邦を構成する国や州の代表ということで一応の存在意義が認められるかもしれない。アメリカ上院は、条約の批准権や閣僚就任の承認権など強い権限を持っている。ドイツの上院は、州政府の首脳が自動的に任じられ、州に影響を及ぼす法律のみを審議する。

フランスでは地方議員団が、上院議員を間接選挙で選ぶ。

問題は、日本やイタリアのような、下院と上院が、同じような直接選挙で選ばれ、両院が同じような権限もつ、民主的第二次院の存在意義である。民主的第二次院の存在意義は、第一院の行き過ぎを抑制し、慎重な審議を行い、誤りなきを期すことだとされる。この趣旨にたって、参議院の政党化への批判や党議拘束の緩和が主張されている。

ではなぜ参議院は政党化するのか。衆議院の多数派からなる政党内閣は、提出した重要法案が参議院で遅滞なく可決されるよう、あらかじめ参議院でも多数派を確保しておく必要がある。重要法案が参議院で否決されるような事態になれば内閣の存立にかかわるから、今の強い参議院権限を前提にする以上、参議院の政党化は、議院内閣制と政党政治の当然の帰結なのである。

したがって、参議院の政党化、擬似衆議院化を回避するには、参議院権限を大幅に縮小する必要がある。参議院で否決されても、衆議院で過半数で再議決すれば（現在は三分の二以上）、法案は成立するとすれば、参議院の政党化は抑制されるかもしれない。しかし権限のない参議院が、衆議院を有効にチェックしたり、行き過ぎを抑制したりすることは不可能だろう。

さらに、同じような選挙で公選される第一院と第二院の選挙結果のねじれをどう解消するか、という難問がある。イタリアでは両院の同時選挙が慣例化している。下院が解散されれば、同時に上院も解散する。これなら、両院の選挙結果がそれほど異なることはないだろう。

しかし日本の参議院には解散はない。衆議院の解散を参議院選挙に合わせ、衆参同日選挙を慣例化するというのは一つの解決策ではある。しかし、それは「参議院の究極の政党化」を意味し、ますます衆議院との差をわからなくする。そこまでして、二院制を維持する必要があるのかと、多くの人は疑問に思うだろう。

フランス革命の理論的指導者シェイエスは「第二院は何の役に立つのか。もしそれが第一院に一致するならば、無用であり、もしそれに反対するならば、有害である」と言ったそうだが、これは二院制の国家にとっては永遠の大命題だ。

確かに、議会少数派への配慮は重要であるし、第一院（政権政党）が絶対誤らないとはいえない。しかし第一院へのチェック機能としては、第二院を置くより、他の制度的保障を考えたほうが、はるかに、安価であり、効果的である。

日本と同じ立憲君主国家であり、二院制から一院制に移行したデンマークやスウェーデンでは、一定の制限のもとに国会の少数派に対して、国民投票を請求する権利や、法律の違憲性について憲法裁判所に提訴する権限を与えている。また、行政監視制度いわゆるオンブズマン制度もよく機能している。

時節柄、参議院廃止というと語弊があろうが、平成の憲法改正に際しては、二院制を一院制に再編するほうがいい、というのが昨今の私の結論だ。

政軍関係の新展開

平成十四年五月七日

五月六日の『朝日新聞』の一面は「海幕、米海軍に裏工作」と題して、「防衛庁海上幕僚監部（海幕）の幹部が四月十日、在日米海軍のチャプリン司令官を横須賀基地に訪ね、海上自衛隊のイージス艦やP３C哨戒機のインド洋派遣を米側から要請するよう働きかけていたことがわかった。米政府がその後日本側に持ちかけた派遣要請の裏側に、海幕幹部の工作が存在した形になる。米軍支援をめぐる制服組の独走ともいえる事態で、文民統制（シビリアンコントロール）の危うい現状が浮き彫りになった」と報じている。

日頃左翼的報道の目立つ『朝日』の記事だけに、割り引いて考える必要はあるが、いかにもありそうな話だ。事実とすれば極めて深刻な事態といわなければならない。政治の衰弱と官僚の暴走もついに来るところまで来た観がある。

経済官僚が米国の圧力を上手く引き出し、与党の政策決定を動かす手法はかねてから指摘されてきた。しかし今回は国防という国策の大転換に関することだけに、黙視することは許されない。小泉総理も中谷防衛庁長官も事実を厳しく調査し、厳正な処分を行わなくてはならない。

小泉内閣の組閣に際して、私が疑問に感じた一つは、中谷元氏の防衛庁長官起用だった。彼は防衛大卆の制服組出身であり、年齢もまだ四十四歳だ。同期の制服組はまだ中クラスの幹部に過ぎない。しかも与党内でさほどの実力者でもない中谷氏が、大先輩である制服組の最高幹部クラスを抑えられるとは思えなかった。

クラウゼヴィッツは、どうしても軍人を閣僚にするなら、時の最高実力者を登用しなければ弊害が大きくなると警告している。

明治大正期の軍部大臣は、正に最高実力者だった。陸相、海相をこもごも歴任した大山巖、西郷従道、山縣有朋らは軍部代表であるとともに、明治政府の運営全般にかかわる元老であった。彼らの後継ぎとなった陸軍の桂太郎、寺内正毅、田中義一、宇垣一成、海軍の山本権兵衛、斉藤実、加藤友三郎らも、それぞれが数年から十年近くの長期間に亘り、大臣ポストを経験した実力者だった。

彼らは軍部の代表であるとともに、外交や財政など国家統合レベルの判断力を有し、単なる軍部の利益代表にとどまるものではなかった。それ故、内閣総理大臣にとっては、彼らと話すことが、そのまま軍部との政策調整過程に他ならなかった。原敬の政党政治家としての卓絶した指導力は、田中陸相の陸軍への、加藤海相の海軍への絶大な統制力を抜きにしては語れない。

ところが昭和期に入ると軍部大臣の統制力は、甚だしく弱体化した。とくに陸相の権威喪失は著しい。宇垣ら親政党派は凋落し、陸軍内部の統制派と皇道派の派閥対立は激化、関東軍の暴走は止まらない……。陸軍の政策決定の権限は、大臣でも参謀総長でもなく、限りなく下部へ拡散していった。

昭和六年には閑院宮が参謀総長に担ぎ上げられた。彼は日米開戦間際まで九年間その職にあったが、この間の陸相は九人も変わった。皇族に政治責任を問うことはできないから、実権は部下の軍事官僚が掌握するところと堕す。そして彼等もまた少壮であるが故に政治責任を問われない。皇族総長の登場は、陸軍内の下克上と、陸軍が責任ある政治主体でなくなったことの何よりの象徴だった。

あらゆる官僚制は組織益の拡大を本能とする。権限と財源の拡大を知っていても抑制を知らない。軍部官僚制ももちろん同様の習性を持っている。すでに明らかなように、戦前の軍部官僚たちが国益と称していたものは、彼らの組織益でしかなかった。そして彼らの自己肥大は政治の衰弱をもたらし、政治の衰弱は彼らの跳梁をさらに加速した。

戦後日本は非軍事主義に逃避し、政治と軍事の関係をいかに処理すべきか、実践的考究を怠ってきた。今その付けが来ている。冷戦後の世界は日本が国際秩序の維持に積極的な役割を果たすことを期待している。もはや、国際政治場裡で日本が軍事的な役割を避けて通ることは出来ないし、望ましいことでもない。

しかし今のまま行くと、軍事力を背景に国際的発言権を強めたい外務官僚や、国軍としての国際的認知を希求する自衛隊制服組に引きずられて、日本の国益とは無関係の米国の世界戦略への補助金として、膨大な軍事予算が湯水の如く消費されてしまう可能性がある。

橋本行革の結果、昨年度から省庁は再編され内閣権限は強化された。しかし「強化された内閣権限を有効に行使する政党政治」が欠如しているために、従来にもまして官僚支配の弊害が露呈している。報じられた海幕幹部の逸脱行為はその端的な現れだ。小泉総理はこのことへの自覚に欠ける。軍事官僚を制御する上で不可欠な軍事担当の首相補佐官の任命も怠っている。

取り敢えず必要なことは、次の内閣改造では防衛庁長官には与党の領袖クラスの実力者を当てることだ。米国の国防長官ポストも、英独仏の国防相ポストも、外交、財政と並んで、時の政権与党の最実力者が登用される。ところが日本の防衛庁長官は、ほとんどの場合初入閣者が就任し、しかも一年で交代する。防衛担当大臣の地位がこれほど軽視されている先進国は他にない。シビリアンコントロールは、豊富な軍事知識をもった実力派大臣の存在なくしてありえない。

私は、集団的自衛権も認めて当然だし、有事法制も必要だと考えているが、節度ある政軍関係の確立がその大前提だ。シビリアンコントロールとは、一部で誤解されているように、防衛庁内局の背広組の官僚が幕僚監部の上に立って、制服組を掣肘することではない。それは内閣つまり政党政治家が軍部官僚を強力に指導していくシステムのことである。

政軍関係の上からも、日本は今、独自の国益判断に基づいて、国際的な役割を果たしていく有能な政党政治を必要としている。

高齢化時代をどう創造するか

平成十三年十月二十日

二十一世紀の日本は、超高齢化社会だ、といわれる。それは事実なのだが、国民の三人に一人が六十五歳以上になる時代というと、社会に寝たきりや痴呆の老人が溢れ、施設は足らず、医療費は増大し、年金財源は不足し、消費税率は上昇し、経済の活力は失われ……と、暗いイメージばかりを想像してしまう。

「老人福祉法」では六十五歳以上を高齢者と規定しているが、人間、六十四歳から五歳になった途端に、急に体力が低下して弱々しくなるわけではない。当たり前のことだ。まず確認しておかなければならないのは、いわゆる高齢者の八割は、寝たきりでも痴呆でもなく、皆元気に暮らしているということだ。そして社会的な役割を果したいと考えている。高齢化時代への政治の対応が、介護を要する人たちの施設作りだけであるかのような視点はおかしい。元気な高齢者の知恵を生かす新たな社会システムを創造することに視点をおかなければならない。

私の後援会役員の平均年齢は相当高い。七十代は普通で、八十歳を超える方々も多い。中島後援会では六十代はまだ若手活動家だ。むしろお元気な高齢者が後援会の中核で、日常活動を支えていると言ったほうが正確だ。

実際、選挙で人に支援を頼むには、それ相応の信頼の蓄積がなければなしえない。二世でもない若輩の私が長年難しい選挙区で旗を立て続けてこられたのも、地域社会で信頼を積み重ねてきた年配者の支援があったればこそだ。そしてこれら長老達の経験や判断力こそ、私の政治活動の何よりの羅針盤なのである。

確かに人間の体力は年齢と共に衰えていく、記憶力も低下していく。しかし判断力はかなりの高齢になってもそれほど衰えない。高齢者の長年の経験に基づく知恵や判断力を、世の中のために広く役に立てていただくシステムがないことは、大きな社会的損失だ。

我が家では倅と娘が二年つづけて高校受験だった。子供の教育に無関心な私も、いささか心配になって、後援会常任顧問の小林康男先生にしばしば相談した。小林先生は高崎女子高校と高崎高校で三十数年間英語を教え、高崎高校教頭、高崎北高校長も歴任された。

いつも実に適切なアドバイスを戴いて私も家内も本当に心強かった。

受験期の子供を抱えた親は心労が絶えないものだ。こういう時期に身近に相談できる専門家がいたことは幸福だったが、こうした幸運を私しておいていいものではない。できればもっと大勢の受験生や親達にも分かちたい。しかしそのための適当な仕組みがない、というのが現状なのだ。これは高齢者にとっても、現役世代にとっても大きな損失だ。

教育問題はもとより、複雑化する現代社会に日常生起する様々な問題を、役所や警察や弁護士に持ち込む前に、気楽に安心して相談し、処理できる公共の場が必要なのだ。その新たな公共空間の担い手こそ、経験豊かな高齢者であるはずだ。

もう一つ、現実経済の立場からの重要な視点は、高齢者の金融資産を有効に生かす道を考えるということだ。

日本の貯蓄率は一二%と世界一（アメリカは一・五%）であり、金融資産総額は一四〇〇兆円にものぼる。しかもこれは毎年三〇兆円ずつ増加している。この積み上がる金融資産の適当な投資先が国内にないため、金融機関では多くは国債を買い、あるいは海外に投資してアメリカの債券などを買っている。

亡くなったキンさんギンさんが、テレビの出演料を何に使うかと聞かれて「老後のために貯金します」と言った話は有名だが、日本では高齢者の貯蓄率が極めて高い。日本の高齢世帯の貯蓄率は二六%にもなるが、アメリカはマイナス五%だ。高齢者になるほど貯蓄率が高いという国は日本だけだ。金融資産総額一四〇〇兆円の六〇%が高齢者のものだとも言われている。

この層の個人消費が拡大しなければ、景気回復はありえない。高齢者は将来不安の故に貯蓄しているというのは一面の事実だが、高齢者向けの魅力ある商品がないというのも大きな理由だ。高齢者向けの自動車、パソコン、衣類、食品、化粧品等々を開発すれば、相当の市場規模になるだろう。

地方都市の中心部の過疎化が問題化し、その活性化が地方政治の大命題になって久しい。しかしそれに正解を得た都市はまだない。地方の首長選挙などでは、必ず「中心街の活性化のために若者が集まる街づくりをしよう」などという主張が大手を振って罷り通っている。これは、何か大きな間違いではないかと思う。

十代、二十代の若者にそんな購買力はないし、暇もない。可処分所得も少ない、平日に自由時間をもたない若者だけをターゲットにして、商売を考えたり、施設を作ったり、一過性のイベントを企画したりしているだけでは、決して地方都市は活性化しない。

地方都市の中心部の過疎化を阻止し、地方都市の活性化を実現する方法があるとすれば、それは若者の集まる街づくりではなく、高齢者が集まる街を創る試みを実行する以外にない、というのが私の年来の持論だ。

地方都市の中心部を高齢者向けに再開発する。高齢者のための道路や小公園、高齢者のためのマンション、高齢者のためのショッピングセンター、高齢者のための喫茶店、高齢者のための本屋、高齢者のためのレストラン、高齢者のための美容院、そして病院と介護施設……。その公共事業遂行のためには高齢者国債（又は地方債）を発行し、有り余る貯蓄を活用する。

歳を取ったら、街の中心で暮らし、徒歩で間に合う範囲に、必要な消費の場と医療施設がある、そういう都市を創ってみよ、地方の街並みは生き返るだろう。

第三の人生が二十年以上ある、というのはこれまでの歴史が経験したことのない時代であり、日本の高齢化時代がどのような時代になるのかは、一にわれわれの創造にかかっている。

第三章　政党政治と検察権力

造船疑獄で検事総長に対する指揮権を発動した犬養健法相　写真提供：共同通信社

政党政治と「司法部」の暴走

平成二十一年三月十三日

検察は「認証官の府」？

近代日本政治史は「官僚」権力に対する「政党」権力の、拡大と挫折の過程と見ることも出来る。多元的な統治体制である明治憲法下においては、衆議院に多数を占める政党が内閣を組織したとしても、軍部、貴族院、枢密院、司法部などが、独自の統治理念を掲げて政党内閣を牽制した。

戦前において政党権力の拡大の前に立ちふさがった諸機関は、昭和憲法の施行とともに過去のものとなった。しかし、必ずしもそうとは言い切れない。たとえば、強すぎる参議院権限などは貴族院の残滓ということもできる。中でも、変わらないは戦前の司法部の権限を引き継いだ検察制度である。

最近よく学生に質問を受ける。法務事務次官と検事総長とはどちらが偉いのか、と。答えは明瞭であり、検事総長のほうが偉い。何故なら、総長は認証官だが、次官は認証官ではない。法務省には、大臣、副大臣の他に、検事総長、次長検事、各高等検察庁検事長と十人もの認証官がいる。検察はあたかも「認証官の府」の観を呈している。

認証官とは、憲法第七条五項に基づく天皇の国事行為として「国務大臣及びその他の官吏の任免ならびに全権委任状及び大使公使の信任状を認証すること」との規定による。戦前の親任官に相当する役職がこれに当たる。具体的に言うと、検察関係以外では、国務大臣、宮内庁長官、侍従長、会計検査官、人事院人事官、公正取引委員会委員長、大使、公使、最高裁判事、高等裁判所長官、それに近年副大臣制度が導入されたため、副大臣と内閣官房副長官が追加された。

少し前までは、官僚機構内部に認証官をもっと増やせと言う議論さえあった。自衛隊の中には各幕僚長を認証官にしろという意見もある。しかしそれは時代錯誤というものだろう。

大使公使は憲法に明記されているし、国家元首の信任状を不可欠とする外交慣例からして、ここでは問題にしない。宮中にかかわる役職も問題はないだろう。会計検査官は憲法に規定されている役職だが、国会の承認を経て就任する。人事官、公取委員長も国会の承認人事だ。国会が「国権の最高機関」とされる以上当然のことだ。また国務大臣、副大臣は議院内閣制の建前から国会に責任を負う存在である。

問題は、検察と裁判所にこんなに認証官が多いのはどうしてなのか、だ。これは戦前の司法部の名残りと言う他ない。それでも最高裁判事は国民審査を通じて国民の信任を得ていると言うことはできる。しかし高裁長官まで認証官にする必要はないだろう。

もっと不可解なのは、検事総長以下の検察幹部の位置付けだ。巨大な権限を有しながら、国民審査を受けるわけでもなく、国会の承認を受けるでもなく、主権者たる国民との接点、形式的な信任とも無縁だ。こういう役人は検察幹部しかいない。旧親任官の名残りがこれほど濃厚に残っている行政機関はない。要するに検事総長以下の検察制度は、国民とのかかわりという点では、戦前の「天皇の官吏」のままなのである。

政党政治と「司法部」の暴走

法律上は法務大臣に検事総長に対する指揮権が認められているが、これが使われたのは歴史上一度だけ、造船疑獄で吉田茂内閣が佐藤栄作幹事長の逮捕を阻止したときだけである。これで佐藤は政治生命を救われたが、吉田内閣はマスコミのふくろだたきにあって、やがて退陣した。それ以来、検察への内閣の指揮権は有名無実化している。

こういう、内閣からも国会からも掣肘を受けない「超然主義」的検察制度をとっている国は先進民主主義国家にほとんどない。多くの国では司法長官が検事総長を兼ねていたり、司法大臣の監督下におかれている。アメリカでは地方検察官は選挙で選ばれ、連邦検察官には上院の承認がいる。

権力の民主主義的正統性が薄弱な超然主義的な検察官僚に、社会正義の最後の判定者の地位を許している日本の現状は誠に奇異なものだ。議会制民主主義の原則から言えば、全ての政府機関は国会つまり政党政治の監督下におかれるべきである。検事総長を法務大臣の兼任とし、国会に責任を負う存在にしたほうがよい。少なくとも、認証官とされる検察幹部は全て国会承認を前提とすべきだろう。

そんなことをすると、検察が政権政党の手先に使われたり、政党の権力闘争に巻き込まれるのではないか、と心配するかもしれない。しかし、先進国ではそういう例はほとんどないのである。それにいくらすぐれた検察制度があったとしても、政治腐敗をなくすことはできない。政治腐敗の克服は政党間の健全な競争と相互監督、政党内部の規律強化によって達成すべき問題であり、一時的に目に余る問題があっても、検察に頼って改善しようなどとは考えない方がよい。だから私は、民主党群馬県連幹事長による不正経理発覚の際も、刑事告発に反対し、内部改革路線を推進したのである。

だいたい同時代では政局に大きな影響を与えた政治腐敗事件というのも、少し後になると、何であんなに大騒ぎしたのか分からなくなってしまう例が多い。政治家の歴史的評価にもほとんど反映しない。金権を指弾された原敬、造船疑獄の指揮権発動で轟々たる批判に曝された吉田茂、それにあれほどあからさまな収賄事件を起した田中角栄でさえ、今では大宰相の名をほしいままにしている。細川総理がなぜ政権を投げ出したのか覚えている人などほとんどいない。

政治腐敗が問題なのは，それが政党不信を呼び起こし、政党政治を危機に陥れるからだ。ファッショは政治腐敗を温床として成長する。政党政治家が自戒しなければならないのはそのためだ。

戦前、司法部は軍部と共に政党の前に立ちはだかる大きな壁であった。平沼騏一郎らを中心とする司法部勢力は、政党政治家の汚職摘発を通じて政界に大きな影響を及ぼしていった。彼らの狭小な正義感によって、国民の間に「汚れた政党政治家」「清潔な軍部・官僚」というイメージがつくり上げられていった。政党政治の崩壊の要因には、軍部による統帥権の暴走もあったが、司法部による検察権の暴走も寄与していたのである。

五・一五事件で犬養内閣が倒れた後、平沼は後継首班たらんとの野心を持っていたが、元老西園寺公望は平沼を退けて、穏健な海軍軍人斉藤実を首相に選んだ。昭和天皇も西園寺に「ファッショに近きものは不可なり」と指示した。これを恨んだ平沼らは帝人事件という政界汚職事件をでっち上げて、斉藤内閣を倒した。「検察ファッショ」という言葉はこの時生まれた。それからまもなく起きた二・二六事件によって、政党政治は息の根を止められ、大東亜戦争への坂道を転げ落ちていった。

と、これは政党政治信奉者である私の解釈だ。他方、A級戦犯とされた平沼は日本の敗北の要因について、全く別の解釈をしている。「日本がこうなった責任の大半は西園寺公にある。彼の優柔不断が財閥を跋扈させ、政党の暴走を生んだ。これを矯正しようとした勢力は、皆退けられた」と。これは一つの歴史解釈の問題であり、どちらを是とするかは、価値観の相違による。ファッショよりは腐敗の方がまし、というのが私の長年変わらぬ立場である。

小沢氏秘書逮捕劇の政治史的本質

今回の政治資金規正法違反容疑での小沢民主党代表の第一秘書逮捕は、戦前の帝人事件にも匹敵する「司法部の暴走」と言わなければならない。代謝能力のある二大統治政党による新しい政治システムを確立し、官僚支配に変わる政党支配を実現するという大目標を推進してきた立場からすれば、これほどの政治干渉はない。鳩山由紀夫氏が「国策捜査」の疑いを指摘したのも無理からぬことだ。

犯罪の事実がある以上捜査をするのは当然、というのが検察の主張だ。しかし、今の政界には、この程度の政治資金規正法上の違背行為なら幾らでもある。実力政治家（の事務所）による公共事業での口利きも日常的なことだ。それらのうち、「どの政治家の」「どの行為を」「どの時点で」、犯罪事実と認定し、捜査の対象とするのかは全て検察の裁量に委ねられている。

「首相候補である野党第一党党首の」「形式的な規正法違反を」「総選挙を目睫に控えた今」、なぜ捜査の対象としたのか。事実関係から判断して、政権交代への危機感、あるいは小沢首班政権への恐怖感がその動機であったと、後世の政治史家は断ずることであろう。

しかし、現在の日本の検察制度からすれば、ひとたび捜査に着手した以上、この秘書を起訴し有罪にするのは簡単なことだ。さらに規正法上の監督責任によって小沢氏を書類送検するぐらいのことも可能だろう。無理をすれば斡旋利得や贈収賄事件に仕立て上げることも出来るかもしれない。

そうなれば、小沢氏の代表辞任という局面がやってこないとはいえない。それを喜ぶものは誰なのか。現場の検察官の意識はどうあれ、それが今回の暴走劇の政治史的本質というべきものであろう。

民主党はすでに昨年、捜査当局が忌避する「取調べの可視化法案」を参議院で可決させて（衆院で廃案）、検察改革の第一歩を踏み出している。内閣法制局（これも昔の枢密院のような権限を持つ非政党的機関だが）の廃止を主張する小沢氏のことだから、超然主義的な検察制度の改革も当然腹の中にあるに違いない。これらは官僚支配の根幹を形作る太政官政府の遺物であり、これを取り除こうという小沢氏の豪腕に期待する者は、彼の蹉跌を大いに危惧している。逆にその豪腕を恐れる者たちは彼の退場を心待ちにしているのだ。

今回の小沢氏秘書逮捕事件への、国民の意外な冷静さの背景もそのあたりにあるのだろう。

続・政党政治と「司法部」の暴走

平成二十一年三月十八日

青年将校による「政治テロ」の背景

五・一五事件で犬養毅首相を暗殺した海軍中尉三上卓は「昭和維新の歌」の作者として知られている。今でも右翼の宣伝カーが流して走っている。

「権門上に驕れども国を憂うる誠なし、財閥富を誇れども社稷を思う心なし」

折から世界大恐慌下で日本の資本主義社会が大きな危機に立っていたときだ。民衆は不況に喘ぎ、疲弊した農村では娘の身売りも日常化していた。「こんな日本に誰がしたのだ」。正義感に燃える陸海軍の青年将校たちは、その責任を財閥と政党と天皇側近に求めた。

資本家は富に驕って庶民の苦労を知らず、財閥と癒着し腐敗した政党政治家たちは、国家の将来を考えず権力闘争に汲々としている。元老重臣たちは、こうした汚濁した政界を改革しようともせず、君側の奸となって天皇の目を曇らせている……。それが彼らの時代認識だった。そして君側の奸を排除し、議会（政党）政治に代わって、革新勢力による独裁政権を作り、国家改造を断行する、というのが彼らの目標だった。国家改造とは、計画（統制）経済化のことであり、当時はそれを是とする若手の軍部・官僚たちを「革新」派と言った（戦後政治での「革新」とは意味が正反対なので注意を要する）。

また、こうした反資本主義、反議会主義的立場を当時の言葉で「ファッショ」と呼んだ。現在のように、ファッシズム＝悪という見方が確立した時代からすると奇異なことだが、時代の苦境を打開する政治路線として、これを支持する人々も多かった。当時ドイツやイタリアは一党支配の国家社会主義を推進し、不況を克服し、経済力の伸張著しいものがあると思われていたのだ。他方、共産党などのマルクス主義勢力は、ソビエト連邦をモデルとした「労働者（プロレタリアート）独裁」国家を理想としていた。ソ連も目覚しい工業化で国力を増大させ、知識人や労働者階級の憧れの的となっていたのである。

要するに、自由主義的な政党政治は、左右の全体主義思潮による厳しい挑戦に曝されていた。政党の内部も、資本主義への確信が失われ、計画経済への期待が高まっていた。政友、民政両党の内部も、革新勢力とどう対応するかで内部対立が生まれていた。その間隙をぬって無産政党（合法的な社会民主主義政党）が勢力を拡大していた。

五・一五事件はこういう時代環境の下で起こった。軍部や革新勢力は、政党内閣の継続に反対し、司法部のボスでファッショ的傾向の強かった平沼騏一郎の組閣を期待した。しかし元老西園寺は、穏健な海軍長老の斉藤実を首相に選んだ。軍部や革新派の政党内閣への批判をかわし、いずれは「憲政の常道」に復帰させるというのが西園寺の希望だった。その可能性も充分にあった。そうした期待を打ち砕いたのは、政界のスキャンダルの続発だった。

帝人事件は司法部による政治テロ

議会では、司法部がリークする虚実織り交ぜた汚職情報に踊らされた政治家たちが、お互いに攻撃しあう醜態が繰り返された。

斉藤内閣の柱の一人であった政友会幹部の鳩山一郎文相は、「樺太工業からの賄賂疑惑」で、政友会の反主流派議員からの攻撃に曝らされ、辞職を余儀なくされた。このとき鳩山が自らの心境を語った「明鏡止水」という言葉は、ちょっとした流行語になった。

鳩山の次に狙われたのは、同じく政友会幹部の三土忠造鉄道相だった。これがいわゆる「帝人事件」である。

帝人事件とは、台湾銀行が保有していた帝国人絹株式会社の株の買い戻しに絡んで、閣僚や大蔵省幹部、財界人ら十六人が逮捕・起訴されたスキャンダルだ。拷問を伴う取調べで高木帝人社長らの「自白」を取り、これを根拠に、小林中、河合良成らの財界人や黒田英雄次官ら大蔵省幹部が検挙された。三土は鉄相であり職務権限がなかった。そこで検察は、三土を偽証罪で一ヶ月に亘って収監した。偽証と言っても、検察の言う「事実」を認めなかったというだけのことだ。

「我が司法部内にも近頃下克上の悪風蔓延して、上司はこれを如何ともすること能はざる状態になっている……捜査権を悪用し、人間の弱点を利用し、事件を作為的に捏造して政変まで引き起こすことが許されるならば、内閣の運命も二、三下級検事の術策に左右せらることになりますが、国家の為にこれほど危険な事がありましょうか。実に司法権の濫用はピストルよりも、銃剣よりも、爆弾よりも、恐ろしいのであります。現にこの一事件によって司法ファッショの疑雲を満天下に低迷せしめたのであります」（三土忠造の公判での発言―河合良成『帝人事件』所収）

三土は敢然と戦った。政党政治家の鑑、と言ったら言い過ぎか。司法ファッショ、検察ファッショという言葉も彼の口から出て人口に膾炙したものだ。公判中に行われた第十九回衆議院議員総選挙で、三土は全国最高得票を得て当選している。戦後幣原内閣内務大臣に就任。しかし結局斉藤内閣は、帝人事件のために総辞職せざるを得なかったのである。

帝人事件は、その三年後に「全員無罪」が確定する。判決理由は「証拠不十分ニアラズ、犯罪ノ事実ナキナリ」。要するに検察による全くのデッチ上げだったことが明らかになったのだ。時すでに、二・二六事件を経て、第一近衛内閣が出来、日中戦争も始まっていたころだ。

「俺たちが天下を革正しなくては何時までたっても世の中は綺麗にはならぬのだ。腐っておらぬのは大学教授と俺等だけだ。大蔵省も腐って居る。鉄道省も腐って居る。官吏はもう頼りにならぬ。だから俺は早く検事総長になりたい。そうして早く理想を実現したい」

帝人事件で河合良成を取り調べた黒木検事はこう言ってのけた（河合前掲書）。河合は当時帝人監査役をしていた。後に小松製作所社長、吉田内閣厚生大臣。河合の回想録を読むと、当時現場の検事たちが国家改造熱に取り付かれていたことが良く分かる。彼らも青年将校だったのだ。

五・一五や二・二六が軍部青年将校による大規模な政治テロだとしたら、帝人事件は、司法部検事による政治テロと言えるだろう。またその背後には平沼騏一郎ら司法部幹部の使嗾があったことも明らかである。

政党政治家の責任も大きいが、このように次から次に作り出される政界スキャンダルは、国民に政党不信の念を植え付け、革新勢力進出の絶好の土壌を作り出していった。それが、二・二六事件とその後の政党解体（近衛新体制運動）の遠因となったのである。

歴史は繰り返す

「国策捜査」という言葉をはやらせたのは、鈴木宗男氏の疑獄事件で連座した外務省職員の佐藤優氏だが、彼は小沢一郎氏秘書逮捕に際してこう論評している。

「官邸が指示した国策捜査というよりは、現場の検察官の本性が出たように見える。彼らは青年将校のように、民主党に権力が移って政治が混乱するのは国益を害すると信じて一生懸命捜査したのだろう。だが内閣支持率が一〇％前後まで落ちたこの時期に手を付ければ『検察は政治的だ』と必ず言われる。逮捕容疑が事実なら、半年待って総選挙後に淡々と立件すればいい。そう言って止めるのが検察幹部の仕事なのに、統率力が落ちたのではないか。検察は常に正しく、逮捕すれば国民は拍手喝采すると彼らは信じているが、最近は決してそうではなく、ギャップは大きい」

私も同じように感じている。歴史は、何となく繰り返すものなのである。

さて、樺太工業疑惑のときに問題にされたのは鳩山一郎だけではなかった。国会に提出された検事調書によって、樺太工業からの献金は、廉潔、謹厳が売り物だった民政党の浜口雄幸にも流れていたことが明らかになった。因みに献金額は、鳩山五万円、浜口十万円だった。この時浜口はすでに死んでいたが、彼の代弁者たちは、「浜口自身は金の出所がいずれであるか知らなかった」と弁解に努めた。

「出所も糾さず平気でそれを貰う勇気を持っていたとすれば、彼の道徳なるものは実に驚くべきものであったと言わなければならない」

これは、『東洋経済』の石橋湛山主筆の論評だ。最近も似たような批判記事をよく目にする。しかし、その上で彼はこう結論する。

「昔から権力ある所には必ず腐敗ありと言われている。ファッショは決して信頼し得るものではない。いわゆる労働者独裁についても勿論だ。それを証明する事実は、内外を通じ古来すこぶる多数である。わが綱紀粛清論者は広く深くこれ等の諸点ついての影響を考えて、その言動を慎まねばなるまい」

この評論の題名は『綱紀粛正論者の認識不足、わが政治の良化を却って妨げん』である。石橋湛山の孫弟子である私の政治スキャンダルに対する基本姿勢は、何時もこれによっている。

『アメリカ人の見た日本の検察制度』を読む

平成二十一年三月二十三日

「日本の刑事訴訟手続きは世界一」？

「与謝野財務相は、民主党の小沢代表が秘書逮捕を『異常な手法』と批判していることについて『日本の刑事訴訟手続きは世界で一番民主的で、透明性が高い。日本の刑事司法に対する信頼性にもう少し理解を深めた方がいいのではないか』と苦言を呈した」（『朝日新聞』三月二十一日）

与謝野さんは、本当に日本の検察や警察が世界一民主的で透明性が高いと信じているのだろうか。もしそうだとしたら驚くべき不見識といわなければなるまい。彼は何を根拠に

「世界一」と言っているのだろうか。

「政治や国民の監視から処断されているため、検察官は正統な権威および勢力に対し、説明責任を果たしていないように思われる。さらに自白を通じて真実を得ようとする願望が強いために、一部の検察官は司法取引や、調書の改竄、そして過酷な取調べといった、日本ではいずれも違法とされる行為を、実は行っている」

これはデイビッド・ジョンソン『アメリカ人の見た日本の検察制度』の序文の一節である。

本書は平成十四年にアメリカの読者を対象に出版されたものであり、アメリカ犯罪学会国際犯罪学部門から最優良図書賞を受賞した。著者自身が神戸地検の職員に「潜り込み」（彼の表現）、何ヶ月にも亘って実情を取材している。全体にバランスの取れたすぐれた内容であり、一読に値する。世界の検察制度を比較した書物というものにあまりお目にかかったことがない。その意味で本書はユニークで貴重な著作だ。

その著者が言う。「アメリカの検察官は『とてつもない裁量権』をもっているが、日本の検察官の権力はさらにそれ以上に強大なものがある。実際、日本の検察ほど強大な権力を保有する国家機関は、日本の内外を問わず、他に見つけることは困難である」

日本の検察制度が世界一であるのは、与謝野氏が言う透明性や民主性についてではなく、「裁量権の強大さ」についてのみ妥当する。

不透明な「裁量権」の行使基準

その世界一強大な検察の裁量権がひとたび行使されるや、ほぼ間違いなく有罪にされてしまう。無罪判決率は年々低下し今では〇・一五％だ。自白偏重の捜査慣習の下で、検察に迎合すればすぐ保釈され、逆らえば何時までも檻の中に置かれる。

「有罪であろうとなかろうと、二十三日もの取調べに耐えられるだけの精神力がある者はまずいない」

とくに、公職選挙法や、政治資金規正法は、捜査当局の裁量の範囲が大きすぎる。こうした裁量の余地が大きい違法行為については、捜査当局の「説明責任」が求められるのは当然のことだ。

例を挙げてみよう。一昨年の十月、国会で、福田首相（当時）が代表を務める自民党群馬県第4区支部が、国から公共事業を受注している電気設備会社とそのグループ企業から、平成十五年と十七年の総選挙の公示日前後に計九〇〇万円の寄附を受けていたことが明らかになった。同支部の会計責任者はその電気設備グループの代表取締役であり、福田派最高幹部のＦ氏である。明らかに公職選挙法二〇〇条違反「三年以下の禁錮、五〇万円以下の罰金」の事例だった。福田総理は事実関係を認め、寄附を「返還してお仕舞い」となった。彼は「陳情は受けたことがない」と答弁したが、福田家歴代とこのＦ社長の「関係」を知らない人は、高崎にはいない。小沢さんと西松のようなものだ。しかし、この明白な公職選挙法違反は、捜査の対象とはならなかった。何故なのか。

他方、小沢氏秘書は、政治資金規正法違反（虚偽記載）でいきなり逮捕された。これも「三年以下の禁錮、五十万円以下の罰金」に相当する。何故、検察は、総選挙を間近に控えたこの時期に、首相候補である野党党首の政治生命にかかわる強制捜査を断行したのか。誰もが首をかしげるところだろう。さらに、この事件は二階経産相に波及するかのような報道がなされている。後でこちらも逮捕しますと言われても、先に強制捜査された方の政治的ダメージの方が圧倒的に大きい。誰が、いかなる理由で、小沢氏を先、二階氏を後と決めたのか。

福田氏の場合と小沢氏の場合、この二つを比較しただけでも、相当の説明が必要だろう。同じような政治資金にまつわる問題で、どうして一方は強制捜査され、どうして他方は修正申告で済まされるのか……。この当然の疑問に答えるのは検察にとって、必須の義務であろう。

そこには明らかに「検察の政治的判断」が働いているのであり、そのような政治的判断を、検察幹部の「誰が」、「いつ」、「どのような理由で」行ったのかを、国民の前に明らかにするのは、民主主義国家の行政機関として当然のことだ。検事総長を国会に呼んでよく聞き質して欲しいものだ。きちんと説明しないと、検察には、政治資金がらみの捜査に当たって、自民党政権を守り、民主党政権を阻止するという「政治判断基準」が存在すると推断されても致し方ないこととなる。

民主党は「検察改革」を掲げよ

デイビッド・ジョンソンは、日本の司法は比較的公正だとしながらも、「根本的なことは、外部の監視を制度上徹底的に排除しているため、問題の多くが何なのか、見ることも、話すことも、未だにできないままなのである」と指摘している。

民主党は、今回の不可解な小沢代表秘書逮捕劇を、検察改革に踏み出すきっかけとすべきである。

「説明責任によって官僚組織と民主主義は結び付けられるのであるから、日本の検察はどのように、誰に対して説明責任を果たすかについても検討する必要がある」

検察改革の柱はこの点にある。彼らの権力の源泉は「認証官」たることにあるのではない。検察も行政官である以上、その権力は国民の信任に基づくものであることを明確化しなければならない。したがって検事総長以下の検察幹部（少なくとも認証官については）は、国会承認人事とすべきである。法務大臣をはるかに超える巨大な権限を有する検事総長は、国会に責任を負わなければならない。

検察が政党政治の監督下におかれることは民主主義体制にとって当然のことなのだ。それは多くの先進国の例を見ればわかる。検察の中立についての幻想が強い日本で、もし検事総長が政党の党籍を持っていたら大問題になるかもしれないが、ドイツの検事総長は確かキリスト教民主同盟の党員であることを公言していた。カナダでは法相が検事総長役を兼ねている。検事総長が国会に責任を負い、検察幹部が国会で説明責任を果たすことは、司法の中立性を損なうものでは全然ない。それは、政党にとっても、検察にとっても、民主的成熟の機会を提供するものである。

デイビット・ジョンソンは「日本における捜査方法と質の正当性を向上させるために実施することが可能で、かつ必要な重大事項が二つある」と、具体的な提案をしている。ひとつは、警察と検察の全ての取調べ過程を録音録画すること、つまり徹底した取調べの可視化を実行することである。もうひとつには、検察が弁護側に対してもっと証拠書類を開示することである。

「現在の検察は占領時代より透明性が低下している。当時は公判に証拠として提出される書類に限らず、調書類を全て被告側に開示する義務が検察官にあったのだ」

検察改革の当面の課題は、取調べの全過程（参考人聴取の段階も含む）の可視化と調書など全証拠書類についての情報開示の実現である。

未だ取調べの可視化さえ実現しておらず、被疑者が自分の調書も見られないような国の検察制度を、「透明性世界一」「民主性世界一」と言う大臣がいる。まことに、デイビッド・ジョンソンが指摘するように、日本は「検察官の楽園」と言わなければなるまい。

「検察幹部人事の国会承認」、そして「取調べの可視化」と「証拠書類の全面的開示」。民主党はこれらを、マニフェストに掲げ次期総選挙を戦うべきであろう。

検察庁法の起源

平成二十二年四月十七日

誠実な刑事局長答弁

小沢一郎民主党幹事長の政治資金規正法違反捜査をめぐる検察と民主党との抗争は、検察側が小沢氏の不起訴を決定したことで、一応沈静化した。今回の一連の出来事を単なる司法的現象と理解するのは浅薄にすぎるだろう。御厨貴東大教授はいみじくもこう指摘している。

「検察が政治的動きと無関係に捜査するというのは建前にすぎない。議員の逮捕は国会が始まる直前であり、国会審議を通常の状態では行わせないと検察側が宣言したようなものである。この意味で、検察が先手を打って政治に介入してきたという印象を受ける。つまり小沢氏と検察の対決は、むきだしの権力者同士による政と官の対決と見ることができる」(『中央公論』平成二十二年三月号)

私も、これは政治史的に見て、政と官の権力闘争と見るほうが正鵠を射ていると思う。では何故、このような権力闘争が生じたのか。

今回は、検察庁法の起源をたどることで、この問題を考えていきたい。

先日、予算委員会の分科会で「検察庁法」の解釈について、法務省の西川刑事局長に聞く機会があった。検事総長も事務次官も通常は国会答弁には出てこないので、検察関係の問題には刑事局長が責任を持って答えるのが慣例となっている。そこでこういう問答をした。

まず「検事総長は民間人でもなれるか」との問いには「なれる」と。これは異論のないところだ。続いて「国会議員はなれるか」と聞くと「憲法上排除すべき理由はない」と。これも正しい。国会法上に議員の兼職制限の規定があるが、この改正は前例があるので障害にはならない。問題は「法務大臣と検事総長は兼職が可能か」との問いだ。私は直ちに否定するかと思っていたのだが、刑事局長はこう答えた。

「検察庁法十五条によりますと、検事総長、次長検事、各検事長は一級として、その任免は内閣が行い、天皇がこれを認証するということでございますので、基本的には内閣が決めるということでございますので、内閣がお決めになるということだろうと思っております。」

内心「ほぉー」という感じだった。西川氏はまじめな刑事局長だな、と至極感心した。私は彼が十四条を盾に即否定すると予想していたので意外の感に打たれたのである。

検察庁法の十五条を主にして解釈すれば、内閣が良しと判断すれば、兼職も不可能ではないということになる。他方、十四条を重しとして解釈すると、指揮権を有する法相と被指揮権者である検事総長が同一人で良いかという問題が生ずる。だから私は、西川刑事局長が、十五条のみに言及したことを高く評価した。

議院内閣制の諸国には例があるように、法務大臣が検事総長を兼任することは、検察組織への民主的統制にとって意義あることだ。日本でも検察改革を議論するときに頭から否定するようなことがあってはならない。

かつて私は、終戦直後の検察庁法制定過程について関心をもち、可能な限りの文書（注）に目を通したのだが、その過程で様々な議論があったことを知った。

「検事総長はその地位に於て（或いは国務大臣として）閣議に列席し、議会に出席し、国会に対して検察につき直接責めに任ずべきものとすること」

これは昭和二十一年三月に司法省が管下の諸機関を対象にして意見を徴集した際（臨時司法制度改正準備協議会）の、東京民事地方裁判所のものだ。議院内閣制つまり政党政治の原理からいえばこれが正論だろう。

司法法制審議会でまとめ役を務めた兼子一らも、検事総長と司法大臣の兼任、検事総長の閣僚化を主張しており、司法法制審議会の最初の会合（昭二十一・七・十二）では、「司法省を存置する場合、検事総長を司法省の長官とする考えはどうか」と問題提起がなされていた。

また、その分離が決まった後の「第一次検察庁法要綱案」（昭二十一・七・二十四）では「検事総長の任命は国会の推薦又は承認を必要とする」とされ、それが司法法制審議会で否定された後も「第二次検察庁法要綱案」（昭二十一・八・五）で「検事総長は参議院の承認により」と改めて提案されている。

敗戦後、司法省の少壮官僚たちは、検察の民主化を求める在野の憲法私案やＧＨＱの意向を強く意識してこうした「要綱」を起草したのだが、司法法制審議会に集められた戦前的思考の司法界の大家たちによって、検察へ民主的正当性を付与する条項は次々に削られていった。

戦後検察庁法の思想

検察庁法制定当時の検察内部の意見は「検察庁は内閣の外に立つ独立機関たるべしとい

う意見が圧倒的だった」（出射義夫『検察の面でみた刑事訴訟法の二十五年』―『ジュリスト』昭四十九・一・一）。彼らは、昭和戦前期の「検察権の独立」の観念に強く支配されていたので、戦後憲法のもとで政党内閣が常態化し、政党出身の司法大臣が検察組織に君臨することを病的に警戒していた。

他方において、在野には戦前の検察ファッショ復活への警戒感が根強く、また何よりＧＨＱ（占領軍最高司令部）が検察の民主的統制に強い関心を持っている以上、統帥権の独立にも似た検察権の独立を表立って維持することは難しいという判断も、司法省内にはあった。

そうした政治状況の中で、実際に出来上がった「検察庁法」は、政党出身の司法大臣を容認する代わりに、検事総長の任命には国会の関与を排除し、また司法大臣の監督権限を制限する条項（現十四条）を設けて、検察への「一般」的指揮権を認める一方、個々の捜査については検事総長を通じてのみ指揮できる、という妥協案に落ち着いたのだ。

今もそうだが、当時の検察官僚の政党への不信感、警戒感は相当のものだった。

「検察庁法の制定される以前には、政治体制が異なっており、多年検察実務の運用になれた検事出身者が検察内部から司法大臣に就任する慣行があったため、内閣の政治力が検察に不当な影響を与えるような考慮は必要なく、したがってかかる規定をおく必要はなかった。…司法大臣の検察に対する指揮権を認めないか、検事総長が司法大臣をかねる制度を設ければ、政党の不当な政治力が検察に影響を及ぼす懸念はなくなるという考慮はないではなかったが、憲法改正草案は内閣総理大臣に国務大臣の任命、罷免の権限を予想していたので、内閣総理大臣が閣僚中に罷免できないものを置くこと、あるいは法務行政について内閣に責任を負わぬ司法大臣を置くことは、明らかに憲法に抵触することであり、実現できないことだと考えた」（最高検察庁中央広報部『検察制度十年の回顧』─『法曹時報』第一〇巻第一号所収）

要するに、軍部大臣現役制のような政党内閣に左右されない（国会に責任を負わない）司法大臣ならいいが、憲法上それは無理なので、司法大臣と検事総長を分離したということだ。そこには、司法大臣を政党に取られても検事総長ポストだけは検察官僚で死守するという執念があった。

「検事出身者が検察内部から司法大臣に就任する慣行」とは、五・一五事件により政党内閣の時代が終焉してからのことである。それまでは、松田正久、原敬、横田千之助、小川平吉など、政党領袖が就任することがめずらしくなかった。

戦後検察庁法の「思想」は、政党内閣の時代を「否」とし、昭和戦前期の官僚・軍部内閣時代を「可」とするものであったことを知らなければならない。

言いかえれば、検察庁法は、新憲法の「議院内閣制（政党政治）」の原理と、戦前からの「検察権の独立」論の妥協の産物であり、それ故いずれの論理が優先するかは極めて曖昧に作られている。

政党にすれば、油断しているとたちまち検察ファッショが息を吹き返してくるかもしれない、逆に検察官僚にすれば、政党からの検察権干犯の危機に常にさらされている、双方がそのように意識せざるを得ないような微妙な均衡の上に成立しているのである。

なんらかの要因によって、検察庁法の曖昧さに由来するこの微妙な均衡が崩れるとき、大きな政治的抗争に発展することになる。その例が、遠くに造船疑獄、近くに今回の小沢事件があるということだ。

『近代日本の司法権と政党』

では、「検察権の独立」論とは、何時、如何にして生まれたのか。

戦前の「裁判所構成法」では、検察組織（検事局）が裁判所に付随するものとされ、裁判所と検事局の人事・行政を統括する司法省の権限は強大なものだった。旧法下の検事局はもともと捜査を担当する機関ではなかったのだが、明治末年の日糖疑獄や大逆事件の捜査を通じて、その政治的影響力を拡大していった。それを主導したのが平沼騏一郎である。

司法部は、藩閥に代わる統治勢力として成長してきた大正デモクラシー期の政党にとって、「統帥権の独立」を主張する軍部とともに、政党政治確立の前に立ちはだかる胸壁となった。

三谷太一郎著『近代日本の司法権と政党』（昭四十四）は、政治的影響力を増す検察勢力と、これを抑制しようと奮闘する原敬の政治指導を描いた日本政党政治史研究の傑作である。

「司法部は明治四十年代から大正前期にかけて、政治的疑獄への積極的介入を通して一個の政治勢力に成長する。…司法部はこの間に官僚閥・軍部・政党とならぶ、いわば第四の政治勢力となる。そしてそれに伴なって、『司法権の独立』は積極的な政治的意味をもつにいたる。平沼を先頭とする検察権の台頭は『司法権の独立』が『検察権の独立』を含むものとして観念せしめるに至る」そして「『司法権独立』の広義化、あるいは政治化は、昭和期にはいるとますます進行する」

司法権の独立は検察権の独立へと拡大解釈され、ついには、統帥権の独立に等しい攻撃的政治イデオロギーと化して、帝人事件に象徴される検察ファッショを誘発することとなった。

大正七年、政友会を率いて初の政党内閣を組織した原敬は、一方において『陪審制度』の導入によって司法部の政治的影響力を抑制しようと図り、自ら司法大臣を兼任してこれを推進し、司法部の利益を代弁する枢密院と果敢に戦った。

他方で、司法部の実力者平沼騏一郎やその子分の鈴木喜三郎を懐柔することで、司法部を親政党勢力化することを目指した。原内閣は裁判所構成法を改正し、検事総長を親任官とする道を開いた。これによって検事総長の地位は、司法大臣、大審院長と並んだ。それは原が「司法部の熱心なる主張」に応えたものだった(『原敬日記』)。

「原が日本において、『政党政治』という政治体系を組織するためには、それぞれ『司法権の独立』および『統帥権の独立』によって守られた司法部と軍部をその従属体系として包摂することが必要」だったのである。

原敬は「憲法政治は多数政治なり」と言った。憲法政治あるいは立憲政治とは、今の言葉で言えば議会制民主主義ということだ。原にとって立憲政治の確立とは、全ての統治機構に政党化を貫徹することに他ならなかった。

原が目指した、軍部と司法部を政党にとっての非敵対勢力とする企図は、一旦は成功したかにみえた。原敬没後、軍部から田中義一が、司法部から鈴木喜三郎が政友会に入党し、それぞれ総裁となって「政党制そのものを維持する責任を負わされた」。しかし、「彼らは政党制を擁護する一貫した信念と能力を欠いていた」。彼らによってむしろ「政友会は陸軍や親右翼的な平沼系の影響を受けやすくなり、政治的主体性を弱める」結果を招くこととなった。「両者はともに政党制を安定させ定着させる役割を期待されながら、逆に政党制への反乱を誘発する役割を果したのである」。

政友会田中内閣時の昭和三年には、裁判所構成法の抜本的改正が検討され、裁判所法案と検察庁法案が起草された。これは枢密院の反対で結局成立しなかったが、名称も示す通り現行検察庁法の起源となったものである。
司法大臣の権限についてはこう規定されていた。
「第二十一条　司法大臣ハ公訴ノ実行ニ付検事ヲ指揮ス
検事総長以外ノ検事ニ対スル指揮ハ検事総長ヲ経由シテ之ヲ為ス、但シ緊急ノ必要アルトキハ此ノ限ニ在ラズ
前項但書ノ規定ニヨリ指揮ヲナシタルトキハ司法大臣ハ検事総長ニ其ノ指揮ヲ為シタル事項ヲ通告ス
第二十五条　司法大臣ハ検察庁ヲ監督ス」
戦後検察庁法の司法（法務）大臣の検察への指揮権規定（十四条）は、この昭和三年の案より、政党の立場から言えば、後退している。つまり「緊急ノ必要アルトキ」の規定がない。因みに、第二次検察庁法要綱案（昭二十一・八・五）には、そのまま入っていたのだが削除されたのだ。終戦時の政党の力が弱く、改正案作成が司法省関係者中心に行われた結果だ。
改正案が起草された昭和三年は、戦前の二大政党交代による政党内閣の全盛期だった。政党の力が相対的に強力であった政治状況を背景とし、検察の独立を企図する司法部と、検察権の抑制をめざす政党との、同床異夢の帰結ともいうべきものであり、また両者の勢力均衡を反映しものとも言えるだろう。
満州事変以降、政党と、軍部および司法部との力関係は逆転する。統帥権と司法権の猛

威の前に政党は息の根を止められ、明治憲法下の日本は破局の淵に追いやられたのである。

認証官の府

終戦後GHQの強い意向を反映した憲法改正により、司法権の独立は「裁判所の独立」と定義されたため、「裁判所構成法」は改正を余儀なくされ、「裁判所法」と「検察庁法」に分離された。

検察庁法は　昭和二十二年三月十八日に衆議院で趣旨説明、十九日より委員会審議、二十三日に委員会採決、二十七日衆議院本会議で可決している。まことに短時間の審議で驚くが、他の憲法付随法案も皆この程度の審議で可決成立している。戦後改革とは、憲法改正自体もそうだが、こういう即製の国会審議で出来上がったものだった。

したがって、先に述べたごとく、検察庁法と裁判所法の内容は、国会で政党政治家によって議論されたものではなく、司法省内部の議論とGHQ（占領軍最高司令部）との折衝の過程のなかで出来上がったものである。

GHQからは、裁判所の司法省からの人事・予算を含む完全独立はもとより、検事の公選制や国民審査、任期制などが提案され、これらを回避したい司法官僚との間で虚々実々の駆け引きが行われた。検事公選制度の代案としてできたのが検察審査会制度だった。

敗戦により、「検察権の独立」論は公然とは語られなくなったが、実際に出来上がった検察庁法は、検察機構への民主的統制というGHQの指示を巧妙に回避し、「検察権の独立」という検察官僚年来の願望を色濃く反映したものとなった。

昭和憲法体制下においては、検察機構は行政の一機関であり、会計検査院のように憲法が定める内閣から独立した機関ではない。

世間では、検察が余りに大きな力を持っているので、現行憲法が検察の権限について規定しているのだと誤解している。しかし、現行憲法が検察について触れているのは、ただ一か所しかない。それも第七十七条二項に「検察官は最高裁判所の定める規定に従わなければならない」と、ついでのように出てくるだけだ。

また検察庁法は「憲法附属法」でもない。裁判所法が枢密院の諮詢に付せられたとき（昭二十二・二・十三）、入江俊郎法制局長官はこう断言した。

「裁判所法は裁判所に関する基本的な法律で憲法に附属した法律であるが、検察庁法はそうではない。ひろい意味の行政機関に関する法律で、新憲法に附属する法律ではない。従って検察庁法は枢密院御諮詢の手続きはない」

それにもかかわらず、検察庁には検事総長以下八名もの認証官が存在する。これら検察庁の認証官は、大使公使のように憲法に具体的な規定がないだけでなく、会計検査官、人事官、公取委員長のように国会の承認人事にもなっていない。憲法の精神に照らして、まことに奇妙なことだ。こういう官庁は他にない。検察庁は、国会から超然とした「認証官の府」として継続しているのである。

前掲『検察制度十年の回想』には、検事総長以下の幹部検察官が「認証官」になれた経緯が語られている。

「この着想は極めて機敏に行われたため、総司令部との折衝や法制局との協議は極めて順調に進められた。後において認証官の設置を希望する官庁が少なくなかったにもかかわらず、その実現を果たし得なかったことを思えば、検察庁法立案にあたった関係者の明敏さには敬意を払わざるを得ない」「総司令部は当初天皇の認証する官というものにそれほど深い関心を持っていなかったもののようであり、その折衝に対しては、さしたる異論もなく承認を与えてくれたのである」

要するに、認証官の位置づけが定かでなかった憲法制定直後のドサクサに紛れて、また天皇という伝統的権威へのＧＨＱの無理解に付け込んで「機敏」に認証官にしてしまったということだ。

しかし、この機敏さによって、憲法上の存在でもない検察庁の幹部たちは、国務大臣や最高裁判事と同格の権威をもって日本の統治機構の一角に君臨することを得たのである。

現代に生きる「検察権の独立」論

以上のように、戦後改革でもっとも変わらなかったものをあげるとしたら検察組織ということになる。「統帥権の独立」は過去のものとなった。しかし「検察権の独立」論は、いまも生き続けている。

もちろん、検察庁も公然とはそんなことは言わないし、検察庁法の解説書にも、そんなことは書いてない。検察庁法についての解説書というのは数えるほどしかない。現在の一番権威ある解説書は伊藤栄樹(のちの検事総長)が昭和三十八年に書いた『検察庁法逐条解説』だが、さすがに「検察権の独立」などという言葉は出てこない。

問題なのは、法務総合研究所が検察職員の研修用として編集している小冊子『検察庁法』である。法務総合研究所は法務省の中の機関であり、毎年「犯罪白書」を作っているところだ。この第二章第二節として「検察権の独立(行政権、立法権との関係)」と、堂々と書かれている。内容は伊藤の解説書の要約だが、見出しを殊更「検察権の独立」としているところが異常だ。日本の検察官は、この本によって、検察庁法を学び、捜査現場に出て行っているのだ。

「司法権独立の主眼は、司法権の行使を政治的影響から自由にするところにあるといってよい。…刑事司法の公正を期するためには、検察権についても司法権独立の精神を能う限り推及されなければならない」

「司法権は、裁判権のみならず、検察権をも包含するものとして之を広義に解し、…この広義の司法権を行政権威から独立せしむることが緊要なのであって、検事の公訴権行使が行政的威権に左右せらるるが如きことありては、司法権の独立に動揺を起し、破綻を生ずるにいたるのである」

前者は法務総合研究所『検察庁法』からの引用であり、後者は三谷太一郎が『近代日本の司法権と政党』に引用した昭和十五年の大審院検事佐々波佐次郎の論文である。七十年の星霜を隔てても両者の説くところはまったく一致している。検察権の独立論は今も生き続けているのだ。

佐々波論文を引用した後、三谷太一郎はこう書いている。

「このように意味内容を拡張した『司法権の独立』は、場合によっては『統帥権の独立』とも同義となりうる政治的イデオロギーとしての性格をもってくる」…「『統帥権の独立』に依拠していわゆる『軍ファッショ』が生まれたように『司法権の独立』に依拠していわゆる『司法ファッショ』が生まれたことは、特定の政治状況の下においては、両者が同一の機能を営む積極的な政治イデオロギーに転化しうる可能性を示唆している。すなわち両者はともに本来防衛的守勢的であったものが攻撃的なものに転化したこと、他からの政治的介入を排除するイデオロギーであっものが、逆に他への政治的介入を正当化するイデオロギーに転化したことにおいて共通性をもつものだといえよう」

　昨年からの小沢一郎氏の政治資金をめぐる検察の捜査は、「現代に生きる検察権の独立論」が、小沢一郎という現状破壊的な政治的個性に触発されて、その本来の防御的性格から攻撃的性格に転化したものだった――というのが、一日本政治史研究者としての私の解釈である。

　そして一人の政党政治家としても、検察権の独立という本来政治介入を排除する論理が、容易に他への政治介入を正当化する論理に転化するということを忘れてはならない、と確信している。それは検察官一人ひとりの正義感や良心を信じていることと矛盾することではない。

　それ故に、政党政治家は、検察官僚の論理に巻き込まれて、検察庁法の改正をタブー視するようなことがあってはならないのである。政党政治家は、検察組織が検察権独立の陥穽に陥らないよう、常に検察庁法の正当性を問い続けなければならない。

　原敬同様、小沢一郎氏もまた、あらゆる統治機構に政党化を貫徹することを議会制民主主義の完成と信じているかのようである。私はそれを間違ったことだとは思っていない。しかしそれは、自らを政争の局外にあると自負している官僚機構（検察庁、宮内庁、内閣法制局など）と深刻な軋轢を生み出すこととなる。その意味では、政党化の貫徹を正義と信ずる小沢氏の軌跡は、原敬のそれによく似ているのである。

ただし、原敬がその死後に残したものは、私産ではなく、浩瀚な『原敬日記』のみだったことは特筆しておかねばならないだろう。

（注）司法省内の議論（司法法制審議会の議事等）については、内藤頼博『終戦時の司法制度改革の経過』が詳しい。ＧＨＱとの折衝経過については、外務省文書『検事に対する国民審査に関する会談録』などが公開されている。

共謀罪法案

平成十八年五月二十八日

『第五十回帝国議会治安維持法案議事速記並委員会議録』（社会問題資料研究会編）を読んだ。今国会の重要法案の一つである共謀罪法案について、これを戦前の治安維持法になぞらえる議論があったので、この機会に通読してみたわけだ。

治安維持法の歴史的評価については、もしわが国が共産主義国となっていればその惨禍は計り知れなかったのであり、治安維持法はそれを防ぐ上でそれなりの役割を果たしたのだという肯定的評価と、わが国のファッショ化に道を開き、幾多の無辜を鼎鑊に送った天下の悪法だという否定的見解が対立している。私は、治安維持法がなくとも日本の共産化は防げたと思うし、この法律が、戦前の政党政治の衰弱を促進したとも考えている。治安維持法は、誤解されているように藩閥内閣や軍部の強制によって作られたものではない。政党政治の興隆期に、議会の自由な言論を経て成立したものだ。それ故にこそ、われわれが共謀罪という新たな治安立法を創ろうとするとき、多くの教訓を与えてくれるものなのである。

治安維持法は、第二次護憲運動に勝利した護憲三派（憲政会、政友会、革新倶楽部）による加藤高明内閣によって提案された。法案提出者として審議の矢面に立ったのは若槻礼次郎内務大臣だった。彼は戦後回想してこう述べている。「もともと治安維持法は、私が考えて出したものでも、政党が問題にしていたものでもなく、以前から内務省内の宿題であった」（『古風庵回顧録』）。内務省内とは、内務省警保局、つまり今で言えば警察庁のことである。

国民的支持の高い政権、人気の高い政権ができると、その機に乗じて不人気な法案や政策を通してしまおうとするのは、今も昔もある官僚機構の習性だ。細川政権の時の国民福祉税導入（消費税率引き上げ）問題などがその好例だ。

加藤高明内閣は第二次護憲運動の結果成立した本格的な政党内閣であり、国民的支持の高い政権であった。護憲三派内閣の第一の使命は普通選挙の実現にあった。守旧派勢力の牙城であった枢密院などからは、普選法成立の条件として治安維持法の成立を求められていた。護憲三派内閣にとっては普選法を実現し、政党権力をさらに鞏固ならしめることこそ第一の関心事であり、治安維持法などは大事の前の小事といっては言いすぎだが、それほどの重大事とは認識されていなかった。

しかも、政党の力はまさに隆盛期にあった。戦前における政党内閣交代期のとば口に立ち、国民的支持の下に本格的な政党内閣を実現した憲政会、政友会の領袖たちにとっては、かつてのように警察・官僚勢力が政党に牙を向けてくるような時代が再びやってくるとは想像できなかった。

一方で、普選実施により無産（社会民主主義）政党の進出が予想される政治社会情勢であり、労働運動その他の社会運動がソ連共産党の影響の下で過激化することを恐れる雰囲気も広がっていた。当時の人心にとって、共産主義とか無政府主義の活動の不気味さは、今日で言えばアルカイダのようなイスラム原理主義者の行動にも匹敵するものであった。現代の治安政策にとって「テロの未然防止」が取締り強化の大義名分であるように、「過激思想の浸透防止」は、当時においては、治安政策強化の大義名分として抗しがたいものがあった。

しかし、自由民権運動が治安警察法や新聞紙法で弾圧されていた時代の記憶も残っていた。それ故大正十一年に「過激社会運動取締法案」が上程された際には、憲政会の加藤や若槻らがこれに強く反対して廃案に追い込んだのである。それと内容的にほとんど変わらない法案が、装いも新たに「治安維持法」として再び上程されたのである。護憲三派内閣のほとんどの与党議員は戸惑いながらも、最後には与党の立場を優先して、わずかの修正を経てこの法案を可決した。

『第五十回帝国議会治安維持法案議事速記並委員会議録』を読むと、そうした当時の錯綜した政治状況が眼前に蘇ってくる。

大正十四年三月七日、衆議院は二四六対一八の大差で治安維持法を可決した。反対者には尾崎行雄はじめ、戦後衆議院議長になった星島二郎や清瀬一郎らがいる。議事録に見る星島、清瀬らの反対論は、該博かつ精緻なものであり、感銘を禁じえない。またこれに答弁する若槻内相、小川平吉司法相らの見識もなかなかのものだ。帝国議会の質の高さは、現在の国会と同等かそれ以上のレベルであり、わが国の誇るべき政治史的遺産というべきであろう。

法案の拡大解釈を心配する星島二郎に対して、若槻内相は、「この法律が労働運動などに適用されることはない」と断言。清瀬一郎が「法律は法律自体で解釈すべし、立法者の意見は法律の意見にあらず」と、法律が立法者の意思を超えて一人歩きする恐れを指摘したのに対しては、法の解釈が問題化したときには立法者の意思が優先する、「この帝国議会に於いてこれが論ぜられ、しかる後に結局決定せられたるときの意思が如何であったということが最も大なる力を持つものであります」と応えている。これはこれで議会政治家としては堂々たる態度だ。また本田義成が警察官による乱用の恐れを指摘したのに対しては、川崎卓内務省警保局長（今の警察庁長官）が「乱用など言うことは絶対にない」と保証した。

同年三月十九日治安維持法は貴族院で可決成立した。反対したのは徳川義親侯爵（尾張徳川家当主）一人だった。彼はこう主張した。

「司法大臣は、本案は極めて明瞭なるものであって、曖昧な点がない、これを用いるのに当たって少しも疑いのあるはずがない」と言うが、自分は信ずることができない。なぜなら、いくら立法者がそれは明瞭だといっても、これを実際に用いるのは立法者でも、裁判官でもなく、警察官である。彼らがこれを誤って用いないとは断言できない。治安維持法は「他の法律と違いまして、峻厳極まりないものでございますが故に、一度誤って用いましたその結果は誠に恐ろしいものでございます」。

今となっては、徳川侯爵の所論は大変な見識と評価されることであろう。

治安維持法は、共産党など左翼集団を制圧した後、大本教など宗教団体から自由主義的な反政府言動に至るまで、その実行部隊である特別高等警察の活動と相俟って、取締り対象が果てしなく拡大されていった。

昨年総選挙の際の自民党マニフェストには共謀罪の文字はない。治安維持法同様、警察司法官僚主導の印象は否定できない。共謀罪についての、国民の懸念というのは、大きく分けて二つある、一つは共謀罪が適用される「団体の定義」が曖昧であり、市民運動や労働運動にまで適用されてしまうのではないか、という不安だ。もう一つは共謀罪を適用する範囲があまりに広いことだ。対象となる犯罪は六一九にも及び、選挙違反や公務執行妨害にも適用される。要するに拡大解釈の余地が大きすぎることだ。与党からも、修正案が出たのは当然のことだ。

私は一自由主義者として、警察の裁量権を広げるような治安立法には、どんな時代環境の下でも慎重であるべし、と考えている。

先日、衆議院法務委員会の共謀罪についての公聴会で、桜井よしこさんが、個人情報保護法の拡大解釈による混乱を例に挙げて、「他の国では起き得ないことが日本では起きる。こうですよと決めるとダッーと走る癖がこの国にはある」、共謀罪を「安易に導入したら何処まで拡大するのか、この会場にいる誰も責任をもてない」と指摘した。

幾星霜の後、共謀罪審議の議事録を見たものが、彼女の所論を卓見であったと評するがごとき事態がないよう、さらに厳格な修正が必要であろう。

第四章　皇室・伝統・自然

尾瀬の春。計画通り水力発電ダムが造られていたら湖の底に沈んでいたはずだった。

昭和天皇のリアリズム

平成十三年五月十四日

最近、経済学者の宇沢弘文氏（元東大経済学部長）と話す機会が多い。同氏が、私も係わっている民主党のシンクタンク「シンクネットセンター」所長に就任したからである。その宇沢先生が昭和天皇の大ファンだと知って驚いた。

宇沢氏は、昭和五十八年に文化功労者表彰を受け、昭和天皇に拝謁して、自分の経済学について話す機会をもった。すっかりあがってしまった宇沢氏が夢中で喋っていると、しばらくして、昭和天皇が彼の言葉をさえぎるようにこう言われたそうだ。

「君！、君は、経済、経済と言うけれど、人間の心が大事だと言いたいのだね」。

それは宇沢氏にとって、晴天の霹靂のような驚きであった。彼はかねてから経済学の考え方に、「人間の心」を持ち込むことができないものかと腐心していた。しかし、経済学とは元来が、経済を人間の心から切り離して、経済現象についての普遍的な法則性を求めるものであったから、「経済学に人間の心を持ち込むこと」はタブーとされていた。このため宇沢氏の社会的共通資本の概念についても、その点が曖昧なままになってしまっていた。

「この、私が一番心を悩ましていた問題に対して、『経済、経済と言うけれど、人間の心が大事だと言いたいのだね』という昭和天皇のお言葉は、私にとってコペルニクス的転回ともいうべき一つの転機を意味していた。……昭和天皇のお言葉に勇気づけられて、私はそれから二十年近くにわたって、社会的共通資本の考え方を中心として、人間の心を大事にする経済学の形成に力を尽くしてきた」（シンクネットセンター・ブックレット第一号）

世間では、宇沢氏はどちらかというと左翼的な人物と目され、ご自身も認めるように、それまで天皇制には批判的な言動をとってこられた。昭和天皇は、その狷介な碩学を一瞬のうちに魅了してしまったのだ。物事の本質だけを的確に洞察する、無私で曇りのない知性。私は、要するに昭和天皇は偉大なる常識人だったのだと思う。

私は近代日本政治史の研究を趣味としているが、昭和期の政治家や官僚や軍人が、正常な判断力を失っていったなかで、昭和天皇があれほどすぐれた政治感覚をもち、現実的な国際政治認識を維持し続けていたことに、強く興味を惹かれてきた。

例えば、『西園寺公と政局』（元老西園寺の秘書原田熊雄の回想録）の中に、近衛首相が三国同盟締結の裁可を奏上したときの、昭和天皇とのやり取りが紹介されている。天皇はかねてから三国同盟に反対であった。しかし立憲君主として内閣の決定には従うことを旨としていた。天皇は、そのときは近衛に対してこう言われたという。

「独伊と同盟を結べば、英米との戦争にいたる可能性がある。そして英米と戦うということになれば、あるいは敗戦となり、社稷を失う事態も覚悟しなければならない。そのような事態が訪れたとき、総理は自分と苦楽を共にしてくれるだろうか」

近衛は事態をこのように深刻には認識していなかった。彼だけではない。この時点でのドイツは赫々たる戦果を挙げており、軍部もマスコミも国民の多くも、それに幻惑されていたのである。

『木戸（内大臣）日記』『杉山（参謀総長）メモ』『本庄（侍従武官長）日記』などに見る戦前、戦中の天皇と政治家、軍人たちとのやり取りは、「リアリスト昭和天皇」の面目躍如たるものがあり、誠に興味深い。この方は、専制君主や軍事司令官になったとしても相当いけたのではないかと思わせるものがある。

杉山参謀総長は天皇に対英米戦の見通しを聞かれて「南洋方面は三ヶ月もあれば片付く」旨を奉答した。これに対して天皇は「汝は支那事変の開始に際しても一ヶ月で片付くと言ったが既に四年も経っているではないか」と問詰した。窮した杉山が「何分支那は広うございますので」と言い逃れようとすると、天皇は「支那は広いというが太平洋はもっと広いぞ」とさらに叱責されたという。

昭和天皇が、近衛や杉山に言われたことは、今考えれば子供にもわかる常識的な状況判断である。現実主義とかリアリズムと言われるものは、結局のところ常識に基づく判断力のことだ。どんなに加熱し沸騰した政治状況にあっても、こうした冷静な国益判断能力を持ちうる指導者は偉大である。

昭和天皇が、同時代の多くの指導者が陥っていた一時的な熱狂に左右されず、終始常識的な判断力を維持し続けておられたことは、驚嘆に値する。総力戦という異常事態のなかで、日本の継戦能力への冷静な判断に基づいて終戦へのリーダーシップを振るったことも、昭和天皇の個性を抜きにして語ることは出来ない。

近代日本の成功と蹉跌は、政体が君主制であろうと、共和制であろうと、遭遇せざるを得なかった宿命である。この近代日本の宿命の中で、昭和天皇が示した立憲君主としての振る舞いは、世界史に類例がないほど見事なものであった言えるだろう。昭和天皇の統治能力は、今後の日本政治史研究のなかで更に評価が高まるものと思う。

昭和の頃は、四月二十九日は天皇誕生日であり、なぜかほとんど晴天だった。この日を「緑の日」ではなく「昭和の日」に改称しようとの意見があるが、私も賛成したい。昭和は、日本史上稀に見る激動の時代であった。近代日本の成功と蹉跌の物語は、昭和天皇のご生涯と分かちがたく結びついている。そして昭和天皇は世界史的に見て疑いもなく第一級の名君であった。この日を「昭和の日」として記憶することは、誠に意義あることと思う。

さて、宇沢先生は昭和天皇に拝謁したその日、別室での祝宴に臨んだ。宇沢氏はその席でも興奮が覚めやらず、隣り合わせた入江侍従長に、思わず「天皇陛下はなかなか魅力的な方ですね」と語りかけた。すると、洒脱な入江氏がすかさずこう応えたそうだ。

「君、あれを育てるのに千年かかったんだよ」

昭和天皇はやや離れた席で微笑みながら二人の会話を聞いていたという。

内親王殿下ご誕生

平成十三年十二月四日

十二月一日、皇太子妃殿下には内親王殿下をご出産あそばされた。我が家でも、出前の寿司などを取り、一同で祝杯を上げさせていただいた。

ロック好きの高校二年の息子は、どのチャンネルも同じことばかりで、ジョージ・ハリスン死去のニュースが過少だと怒り、かねて女宮の誕生を予想していた高一の娘は、自分の言ったとおりだったと誇り、何を根拠にか「二年後には必ず男の子が生れる」と予言した。私ども夫婦は、この内親王様のご生涯の節目ごとに、反抗期の二人の子どもたちと夕食の食卓を囲んで話したこの日のことを、懐かしく思い起こすことだろう。

八年前、皇太子殿下が当時の小和田雅子嬢と共に婚約の記者会見に臨まれた日、私は脳梗塞で倒れた老母に付き添い高崎市内の病院にいた。検査の結果、母の病状は軽いものだった。迎えの車を待つ間、ホッとした気持ちで待合室のテレビに見入っていた。黄色いお洋服とお帽子の雅子様が、実にはっきりした口調で心境を語られていたのが印象深かった。

それまで丈夫で医者にかかることもなかった母が突然倒れ、その人生を終える日もそう遠くはないという思いが去来する一方、この美しく聡明な方が東宮妃となられ、やがては日嗣の皇子を生み奉り、私どもが死して後もなお、皇統連綿として弥栄ならん、と無量の感慨にうたれたものだ。明治生まれの老母も傍らで同様の感慨にふけっていたものと思われた。

自分の生涯の様々の場面とその時々の感懐を、同時代の象徴的な人物とその家族の物語に重ね合わせて記憶し、時に思い起こして自らの人生を振り返るというところに、君主制ならではの妙味を感ずるのは私だけではあるまい。

昭和天皇が崩御されたとき、多くの年配者が異口同音に「あのひともいろいろ苦労したからねー」としみじみと語るのをあちこちで聞いた。自分達の戦中戦後の苦難と重ね合わせて昭和という多難な時代を振り返り、その時代を共に生きた亡き天皇への語り尽くせぬ思いを、ごく素朴に吐露した言葉が印象的だった。君主制の何ともいえぬ深い味わいを感じた。

冷戦が終わるまでは、マルクス主義の影響もあって、歴史は君主制から共和制、また社会主義体制へと進歩発展していくものであり、皇室制度は封建時代の残滓であり、好ましからざるものであるという意見が蔓延していた。今も民主主義と国民主権を字面どおりに受け止め、皇室制度を忌避する向きもある。

立憲君主制と共和制の優劣についての歴史的結論は出ていない。一人当たりの国民所得のランキングでみれば、上位には立憲君主制国家が多く並んでいる。だから実証的に考えると、立憲君主政体のほうが優れていると言えなくもないのだ。

また確かに、原理的に言えば民主主義と世襲君主制は相容れない。しかし何事によらず原理主義には気をつけたほうが良い。とくに民主「原理」主義には、ジャコバン党の昔から幾つも前科があり、要注意だ。もともと民主主義は、全ての人民が統治の主体でもあり客体でもあるという実行不能のフィクションに基づく。だからこれを極端に突き詰めていくと、かつての共産主義諸国家のような全人民の名を僭称する独裁政党による支配をも生み出すことになる。

皇室制度は民主主義とは別の原理（という表現が適切かどうか）に基づいて存在している。わが国において皇室が存続してきたのは、民主主義とは別の、歴史的伝統的な要請に由来するものである。それを仮に伝統原理と呼ぶことにしたい。昭和憲法はその二つの原理の折衷である。

民主「原理」主義を野放しにしておくと、人民の名を僭称するさまざまな独裁や極端なポピュリズムの惨禍を招く。その抑制力となるのが伝統原理なのだ。エドモント・バークの言う保守主義も、言い換えれば、伝統的なるものに信頼をおき、民主主義の原理的な行き過ぎに歯止めをかけようという立場だ。

東宮家の第一子が内親王であったことで、女帝論議が喧しいが、私は現時点での皇室典範の改正には強く反対する。女帝はできることなら避けたい。この問題を男女平等などの民主主義の原理で判断するのは誤りである。この問題は伝統原理によって考えるべき問題である。

歴史上女帝は十代八人おられるが、いずれも男系による皇位継承を守るためのやむを得ざる一時的な対応として即位されたものだ。それ故皇后などの寡妃か、あるいは生涯未婚の皇女であられた。

今論じられている女帝論は、確認できるだけでも千数百年男系で続いた皇統を、女系に移すという話で、歴史上存在した女帝とは全く性格を異にするものだ。つまり、お生まれになった内親王様を日嗣の皇子となし、鈴木さんか、佐藤さんか、田中さんか…を皇配（皇婿）に迎えるということだ。すなわち皇統は、鈴木家か佐藤家か田中家か…に移動する。千数百年来、このような事態は一度もなかった。軽々しく論ずべき問題ではない。

「天皇」という称号が登場したのは、天智朝から天武朝の頃だとされる。「日本」という国号もこの頃定まった。当時の日本は、白村江の戦いで唐の水軍に大敗し、大陸からの侵攻も予想される対外的な危機と、壬申の乱という国内的な危機が重なる中で、必死に律令国家体制の確立に邁進していた。

制度としての天皇は、こうした危機意識の中で大陸文明に対する日本の自己主張の表現として創始された。それ故天皇は「文明としての日本」の核心であり続けたのであり、歴史上内外の危機が高まる度に天皇が浮上した所以もここにある。

二十一世紀の日本は、緩やかな衰退を運命づけられている。日常化する危機のなかで、衰退を食い止めるようと苦闘するわれわれ日本人にとって、天皇の存在は今まで以上に大きな意味合いを帯びることになるだろう。

皇孫殿下の御誕生を機に、更めて皇室の弥栄をお祈り申し上げる次第である。

秋篠宮妃殿下ご懐妊に想う

平成十八年二月十五日

秋篠宮妃殿下ご懐妊の報で、今国会の焦点となるはずだった皇室典範改正はひとまず先送りされることとなった。

出来得れば男系による皇位継承を維持したい。しかしそのためには半世紀以上も前に臣籍降下した旧皇族の復帰によるしかない。正統性の低い旧皇族による皇位継承を認めることは、敬宮愛子内親王のご即位とその皇子による継承（女系天皇）を是とする人々との間で国論を二分する混乱を呼び、天皇制の正統性を揺るがすことも危惧される。

秋篠宮家に男子がお生まれになれば、その正統性の高さからして、国民の多くは秋篠宮家から日嗣の皇子をお迎えすることに賛成することであろう。しかしその結論は先送りされただけで、皇統の綱渡りはまだ続いている。

今日においては天皇制廃止論は影を潜めた。男系か女系かの論争が喧しくなるなかで、私たちは皇統途絶の危機に直面していた六十年前のことを忘れていた。二月十二日の『産経新聞』正論欄「昭和天皇のご功績に負う戦後日本」と題する五百旗頭真神戸大教授の所論は、そのことを改めて思い起こさせるものだった。

五百旗頭氏は、天皇制が最も危機に瀕した時代について記したあと、「性別にこだわって廃絶の危機を冒すのではなく、男女いずれであれ、穏やかな敬愛を集め国民とともにある天皇制を望みたい」と結んでいる。

秋篠宮妃殿下ご懐妊の報に大きな期待を抱きつつ、万々が一の時には、私も五百旗頭氏と同様の立場をとることとなろう。

この機会に五百旗頭氏の著作を読み返してみた。『米国の日本占領政策』はもう二十年余も昔の作品だが、新鮮な驚きとともに読んだのを思い出した。『日米戦争と戦後日本』はそれを要約した内容であり、今は講談社学術文庫で読めるのでこちらを推奨したい。いずれも開戦から占領期を扱った政治史の傑作であり、とくにアメリカ側の政策形成過程に詳しい。

当時米国側の対日政策形成に決定的役割を果たしたのは、グルー国務次官とスティムソン陸軍長官だった。グルーは日米開戦時まで十年にわたって駐日大使を務めた米国きっての知日派であった。彼はトルーマン大統領にこう進言する。

「十年の対日経験から私は確信します。彼らの面子を重んじ降伏を可能とするため、天皇制の容認を含む処遇を示すべきです。われわれにとって天皇制は、政治システムであり、君主制か共和制かどちらが望ましいかという問題でしかないが、日本人にとってはそれ以上のもの、民族の誇りと独自性にかかわる問題です。それについて理解を示せば、日本人は武器を置くでしょう」

トルーマンは彼の意見を基本的に理解し、軍部首脳なかんずくスティムソン陸軍長官の同意を求めるよう指示する。スティムソンはこのとき七十七歳、野党共和党長老だった彼はルーズベルトの懇請により戦時内閣へ参加したのだった。したがってルーズベルトを継いだトルーマン政権でも、彼の実力は抜きん出たものであり「政治・軍事の双方にまたがる問題についてのスティムソンの発言は、圧倒的な重みを持っていた」。

グルーの説明を聞いたスティムソンは言った。「このペーパーに一つだけ批判がある。それは日本が幣原、若槻、浜口といった西洋世界の指導的政治家と同等にランクされる進歩的指導者を産みだす能力を持っていることを十分に論じていないことだ」と。スティムソンは逆説を用いてグルーに百パーセント以上の支持を表明したのだ。

ロンドン軍縮会議に米国全権として出席したスティムソンは、日本全権若槻礼次郎との交流を通して、浜口雄幸首相と幣原喜重郎外相の民政党内閣が、この軍縮条約の締結に文字通り身命を賭して取り組んだことをよく知っていたのだ。

「老スティムソンは、このような日本の大正デモクラシー時代の最後を飾る政党指導者である三人を忘れていなかった。十五年を経て、日本がまさに滅びようという瞬間に、その三人の名を口にし、敗戦日本を寛大に扱ってよいと示唆したのである」

天皇制の存続を含意するポツダム宣言は、グルーとスティムソンの指導力によって作られた。日本を徹底的に破壊し、断罪せよとの世論が支配する戦時の米国において、対日政策決定の最重要局面に、真に日本を知るこの二人の老人がいたことは、奇跡と言わなければならない。

東郷茂徳外相はポツダム宣言の含意を正確に理解した。鈴木貫太郎首相も、これを受諾して戦争を終結させるほかなしと決意を固めた。鈴木は海軍の長老であり侍従長も務め、昭和天皇の信頼が極めて厚かった。二・二六事件では至近距離から銃弾を浴びたが九死に一生を得ていた。このとき鈴木、東郷の二人がいたことも奇跡としか言いようがない。

しかし軍部は徹底抗戦、本土決戦を唱えて譲らなかった。政府の決定は全会一致であり、それができないときは総辞職しかなかった。鈴木首相は、木戸幸一内大臣と連携し、御前会議で異例の「聖断」を仰いで終戦を実現しようとした。

そして、そこに「千年に一人の天皇」（木戸幸一の昭和天皇評）がいた。再度の御前会議で天皇は継戦の不可なることを情理を尽くして説き、「自分はいかになろうとも、万民を救いたい」と語った。

「異を唱える者は一人もなかった。乾いた目で若き君主を正視しえた者も一人もいなかった。一同は、この言葉に民族の運命をともに感じて泣いた」

そして終戦の証書に阿南陸相を含む全員が副署した。敗戦は日本にとって未曾有の事態であり、皇統途絶の危機でもあった。昭和天皇が終戦を決断したとき、一身の安寧はもとより、天皇制の存続について確信があったわけではなかった。

「歴史は逆説に富んでいる。自らの立場を守るために戦うのが通常であるが、それを捨ててかからねば事が成就しない瞬間がある。天皇は自ら諫めて国家と国民を救いたいと口にした。そのことが反対者陸軍の同調をもたらした。本土決戦前の早期降伏が実現されると、この実績が皮肉にも天皇の運命をも救うことになるのである」

未曾有の敗戦にもかかわらず日本で君主制が維持されたのは、神慮とも言うべき僥倖と偶然が積み重なった結果だった。いま、そのきわどい歴史を振り返り、このたびの秋篠宮妃殿下ご懐妊を思うとき、そこに再び神慮を感じたのは私だけであろうか。

奉祝皇孫親王殿下ご誕生

平成十八年九月六日

里見弴に『五代の民』という随筆がある。景行、成務、仲哀、応仁、仁徳の五帝に仕えた武内宿禰に自らをなぞらえて言う。

「『お仕え申し上げ』こそしないけれども、明治、大正、昭和の三帝、並びに皇太子殿下、そのお世継なる浩宮さま、この皇統五代にわたる方々を、たとえよそながらにもせよ、『存じ上げ』ているというだけの話。自慢にも手柄にもならないどころか、年甲斐のなさで、みっともないやら、てれくさいやら、よく言う『恥じ多し』の現れかと、重々承知はしているにも拘らず、正直なところ、ただなんとなく嬉しいのだ、愉しいのだ、そして自分で自分をしあわせ者と思い、深い溜息をついたりもするのだ」

皇孫親王殿下ご誕生の報に接したとき、なぜか昔読んだこの老作家の一文を思い出した。敬宮愛子内親王殿下ご誕生の日には、まだ健在だった老母と高校生だった二人の子供たちと祝杯を挙げたものだった。今や母はなく、子どもたちは大学生となって巣立っていった。昭和、平成の二帝の御代に生き、その皇子と皇孫を「存じ上げている」、そのことにほのぼのとした愉しみと幸せを覚えつつ、白髪も目立つ家内と二人で祝杯を挙げた。

君主制の妙味とは、自分の生涯の様々の場面とその時々の感慨を、君主とその家族の物語に重ねて記憶し、時に思い起こして自らの人生を振り返るというところにある。

ここ数年、日本を覆う「皇統の危機」感は年々深刻さを増していた。そしてついに今年初には、小泉首相が女系天皇に道を開く室典範改正案を国会に提出する方針を固めるに至った。「皇室の尊重」こそは、日本の保守主義の核心であり、それ故それぞれの時代の指導的政治家は皇位継承に心胆を砕いてきた。だから私は、小泉総理の皇室典範改正への決意を決して否定的には考えない。四十年間も親王のご誕生がないという現実のもとでは、しかるべき対応であったとは思う。

しかし、女系天皇は伝統に反するとして、典範改正に反対する動きが日に日に強くなり、国会で与野党の垣根を越えた大論争が始まるかに見えたそのとき、秋篠宮妃殿下ご懐妊の報が伝えられ、典範改正問題は凍結されることとなった。しかし万が一の場合は、ひとまず棚上げにされていた皇室典範改正問題が再燃することは必至であり、私はそのことによる国論の分裂と天皇制度の動揺を深く恐れていた。

皇孫親王が存在しない以上、皇統を維持するためには、皇室典範を改正して女帝を認めるか、終戦直後に臣籍降下した旧皇族を復帰させるか、二つに一つの選択しかない。しかしそのいずれもが、永い天皇制度の歴史に存在しなかった事態であり、伝統からの大きな逸脱を意味するものだった。

政府が選択したのは、敬宮愛子内親王のご即位とその皇子による継承（女系天皇）を是とする皇室典範改正だったが、これは史上に存在した十八人の女帝とは本質を異とするものである。史上にある女帝は男系維持の繋ぎとしての即位であり、したがって皇后などの寡妃か、あるいは生涯未婚の皇女であられた。

女系天皇とは、平たく言えば、皇統の別姓への移動を意味する。つまり、敬宮愛子様を皇嗣とし、鈴木さんか、佐藤さんか、田中さんか…を皇婿に迎えるということだ。すなわち皇統は、鈴木家か佐藤家か田中家か…に移動する。継体天皇のとき以来、このような事態は一度もなかったことだ。

他方、臣籍降下した皇族が復位して即位した例も、平安朝の宇多天皇以来ない。しかも宇多天皇は三年で復位している。戦後六十年も経た今日、敬宮愛子様を差し置いて、旧皇族を復位させ、天皇として戴くことには国民感情がついていかないだろう。旧皇族の復帰による男系天皇維持は、明らかに伝統からの逸脱であり、皇位の尊厳と正統性を傷つける恐れがある。

女系天皇か旧皇族の復帰か、皇統の維持のためには、いずれにしても伝統への大きな侵害を犯さなければならない。我々はつい昨日までは、この深刻な岐路に立たされていたのだ。

そして、もし政府による皇室典範改正案の提出が再び現実のもとなれば、男系維持を優先し旧皇族の復帰を主張する人たちと、敬宮愛子内親王のご即位とその皇子による継承（女系天皇）を主張する人たちとの間で国論を二分する混乱を呼び、ひいては天皇制度の正統性を揺るがすことも危惧されたのである。

皇統存続への危機感は現代に特殊な現象ではない。皇統の維持はいずれの時代においても、重大な政治的社会的関心事だった。明治期においては皇后に皇子女がなく、皇太子は病弱だった。大正期においては、天皇の脳病が悪化する中、政敵であった原敬と山県有朋がともに苦悩する姿があった。そして昭和期においては、敗戦によって天皇制の存続そのものが危ぶまれた。敗戦にもかかわらず、神慮とも言うべき偶然の積み重ねによって天皇制が維持された経緯については、以前に書いた（「秋篠宮妃殿下ご懐妊に想う」）。そして秋篠宮妃のご懐妊にも「神慮を感ずる」、と。

四十年ぶりの親王ご誕生により、皇位継承を巡る平成の暗雲は一掃された。男系による皇統は際どいところで維持される見通しが立った。これを神慮といわずして何と表現したらよいのだろうか。あらためて皇祖皇宗の神霊に深く感謝し、皇室の弥栄をお祈り申し上げる次第である。

『又五郎の春秋』

平成十七年五月五日

早稲田大学に政友会という政治サークルがあり、私はそのOB会長をしている。先日その懇親会の席で隣り合わせた一年生が池波正太郎の熱心な読者だと知って驚いた。彼は高校時代に『鬼平犯科帖』『剣客商売』『仕掛人藤枝梅安』などのシリーズを読破したのだという。

池波正太郎が死後もますます読者を広げていることはかねがね予想していたのだが、大学受験を控えた高校生にまで、それが及んでいようとは、さすがの私も、

（思いもよらぬこと……）

であった。

長年の池波正太郎読者の一人として、若き池波ファンにぜひ勧めたい作品に『又五郎の春秋』という評伝がある。この人気作家の作風の根底にある精神の骨格を知ることができる傑作だからである。

「又五郎」とは、人間国宝で現役最年長の歌舞伎役者である中村又五郎丈のことだ。今年九一歳になるが、先日の中村勘三郎襲名披露「口上」にも元気な姿を見せていた。『又五郎の春秋』は昭和五十二年、又五郎丈六三歳のときに刊行されたもので、現在は中公文庫で読むことができる。

本書の書き出しは、池波が又五郎を始めてみた京都の古書店での印象から始まる。どこかの大学教授のようでいて、しかし「灰汁《あく》が抜けすぎている」横顔を眺めつつ、「いつか、この優《ひと》と一緒に芝居《しごと》がしたいものだ」と思った、と告白する。そして『剣客商売』の秋山小兵衛は又五郎をモデルとしたことが語られている。

全篇を通じて、中村又五郎という、伝統芸能の体得と継承にすべてを捧げた人物への賞賛と憧憬の感情が溢れている。他の池波の小説や随筆とはちょっと趣を異にする。要するに彼は又五郎に惚れ抜いていて、その生の感情がひしひしと伝わってくるのだ。

中村又五郎は六歳のときに父の先代又五郎と死別し、先代中村吉右衛門の薫陶を受けて成長した。吉右衛門のもとで女形としての修行を積み、六代目菊五郎からは立役としての遺産を受け継ぎ、重厚で品格ある芸風を確立した名優である。しかし一般には、どちらかというと優れた脇役としての印象がつよい。実生活でも、先代幸四郎、勘三郎、歌右衛門、松緑、梅幸など、戦後歌舞伎界を担った強い個性を持った俳優たちの調整役でもあった。

実子を歌舞伎役者にしなかったのも珍しい。芸の継承への彼の情熱は、現在の幸四郎、吉右衛門ら次代の歌舞伎界を担う後進の育成に注がれた。

「歌舞伎役者として、およばずながら、五十何年もの間に自分がたくわえたものは、染五郎（現幸四郎）と吉右衛門に残していきたいとおもっているのです。私の子どもは、一人も役者になりませんしね」

又五郎は、国立劇場の歌舞伎俳優養成事業の主任講師としても大きな役割を果たした。池波は、歌舞伎研修所での又五郎の姿を詳細に描写する。

「国立劇場の研修生をあれほど情熱を込めて教えている姿をみていると、あらゆる機会を捉え、歌舞伎の伝統を伝えておきたいと願う又五郎のこころを、ひしひしと感じる。又五郎の胸底に潜むもの、燃えたぎっているものをとらえることは、そのクールな外見を見ただけではまことにむずかしい」

経済的には全く割に合わない歌舞伎俳優養成という仕事に精魂を傾ける又五郎の風貌は、池波にとって、滅び行く伝統を身を挺して守り抜こうと奮闘する最前線の指揮官のように神々しく見えたのだ。

又五郎は歌舞伎研修所の生徒たちに言う。

「この仕事にはお終いがない。死ぬときに初めて役者の終わりがあるのだ。けれども、俺がこうして君たちへ教えたことは残っている。だから君たちも教わったことを土台にして、それぞれの個性を生かして、いい役者になってもらいたい。すると、君たちが今度は、次の人たちに教える。だから君たちが死んでも、君たちが次の人に教えたことは残っていく。これが伝統というものなんだ」

伝統は、その永続への危機を憂慮する人によってのみ、よく継承される。池波正太郎に『又五郎の春秋』を書かせたのは、その深い危機意識だった。失われゆく日本の伝統、風景、情緒、生活、人間関係への愛惜の想いこそ、彼のすべての作品の底に流れるものだ。それが多くの読者を惹きつけてやまぬ、池波作品のえも言われぬ味わいとなっている。

「今の日本では、歌舞伎の世界をふくめて、伝統の芸や技術、仕事も生活も根絶やしになりかけている」

そしてその危機の中で、伝統文化の最高にして最良の体現者であり、かつまた、その継承に静かな使命感で立ち向かう男がいた。それ故「中村又五郎」は、池波にとって尊敬おくあたわざる存在となったのである。

これほどまでに又五郎に入れ込む池波の文章を読んでいると「知音」の故事（注）を思い出さざるを得ない。もとより又五郎にとっても、「池波正太郎」こそは「よくこれを聴く」

人だった。

「晩年に、池波先生とめぐり合えた自分を、本当に幸せだった、と思っております。かつて先代吉右衛門が、舞台でめだたなくても、何百人かの観客の中のたった一人が、自分の芸をいいと思ってくれたら、それでいい、といっていました。私はそういう役者です」

中村又五郎の生涯を貫くこの矜持は、歌舞伎という伝統芸術の世界だけでなく、日本の近代を支えた一つの精神である。それこそ日本文明のエトスといってもよいものだ。われわれの時代の危機とは、かつては日本社会のあらゆる分野に漲っていたこの精神が失われつつあるということではないか。

若き池波読者に『又五郎の春秋』を勧める所以もまたここにある。

（注）〔知音《ちいん》〕中国の春秋時代に、伯牙という琴の名人がおり、その友人鍾子期は伯牙の琴をよく理解した（「伯牙善く琴を鼓し、鍾子期善く之を聴く」）。伯牙は鍾子期が亡くなると、自分の琴の音を真に理解する者はもはやいないと愛用していた琴の糸を切って再び弾じなかったという。転じて、互いによく心を知り合った友。親友の意。

ある能楽師の挑戦

平成十六年九月四日

八月二十九日、大学一年生の娘を連れて、下平克宏さんの独立十五周年記念能「道成寺」を見に行った。

二十代のころはよく能を見た。また能を理解するために自分でも謡曲（うたい）を習っていた。私の先生は、西荻窪に住んでいた故高橋正次師だった。高橋師は観世流の系列から言うと藤波紫雪師の門下だったので、私たち素人弟子の温習会のときには、藤波一門の若手が手伝いに来て、地謡をやったり、袴を着ける介添えをしたりしてくれるのが常だった。

その藤波家の内弟子たちのなかでも、眉目秀麗で声もよく、ひときわ目立つ若者がいた。いずれ能楽の家に育った青年だろう、と頭の隅に記憶していた。

それから数年のち、私は高崎に居を構えて、政治活動を始めた。ある日、ふと高崎高校の同窓会名簿に目をやると、巻末の賛助広告の欄に「観世流謡曲教授　下平克宏　高崎高校第七十六期卒業」と小さな広告が載っていた。

「あっ！彼は高崎高校の後輩だったのか」

私はこの奇縁にひどく驚くとともに、すぐに電話して、入門することに決めた。

観世流能楽師の階層秩序は、宗家、分家、職分、準職分、師範に分かれている。宗家、分家は世襲。職分（実態的には世襲）、準職分、師範は、宗家から免許を得て玄人（くろうと＝プロの能楽師）として活動する。趣味で謡曲や仕舞を習っている人たち（素人弟子）は、長年やると名誉師範という称号をもらえるが、玄人と素人の区別は画然としている。

観世流の場合、玄人を養成できるのは職分以上の家格の家に限られており、準職分家以下の子弟は、職分家に内弟子として五年間以上住み込みで修行し、年二回の宗家主催の研修会に参加することが義務付けられている。その後独立ということになる。独立すると、素人弟子を取って謡曲や仕舞を教えることで生計を立てつつ、能舞台に立つことが出来るようになる。

世襲が主流の能の世界だが、下平さんは、ふとした偶然で学習院大学の能楽研究サークルに入ったことから、この世界に興味を持ち、藤波重満師に入門する傍ら、芸大邦楽科に進み、先代宗家観世左近師にも教えを受けたそうだ。

それにしても、その筋の家柄でもない一青年が、プロの能楽師になろうと決意し、今日まで着々とその歩みを続けてきたのは、壮挙というべきであろう。

高崎薪能は彼の参加を得て始めて本格的なものとなったし、群馬県下各地での能・狂言に関するイベントの隆盛は、彼の存在を抜きにしては語れない。

素人の私には、能楽師としての彼の才能を評価する力はないが、自らの努力によって、現代社会に能という伝統芸術を再認識させようという並々ならぬ意欲、あるいはそのための彼の能楽「家」としての経営能力には、大いに敬服している。

芸術家に経営能力などというと失礼だという向きもあるかもしれないが、さにあらず、だ。

能楽は、江戸時代には幕府や諸藩の手厚い保護の下にあったが、明治維新によって経済的自立を迫られることになった。能楽だけでなく邦楽というものは、素人のお弟子さんたちが、玄人の先生たちを経済的に支える構造で続いてきた。いろいろな意味で魅力ある先生でなければ、弟子は増えない。増えなければ、プロとしての経済基盤は安定せず、したがって、プロとして活動する機会も限られ、芸術家として大成することも難しくなる。

伝統芸術といわれながら、邦楽ほど自由経済の中で生きている文化はないのだ。それゆえにこそ、邦楽界の実力者は経営能力においても中々のものなのだ。

日本を日本たらしめているもの、それを伝統という。日本が日本であり続けるために、伝統は永遠に継承されなければならない。その継承を良くなしうる者は、さまざまな時代条件を洞察し、その時代状況に巧みに適応しうる者なのである。

下平師の「道成寺」はもちろんすばらしかったが、観世能楽堂を溢れさせる能力もまた、能楽師としての彼の実力を示すものとして評価されなければならない。

私は学生時代、幕末維新や戦中戦後という困難な時代に、どのようにして能楽をはじめとする伝統芸能が生き残ってきたのかに、大いに関心があった。それはまた、アメリカニズムの奔流と高度情報化社会の中で、日本の伝統文化を維持していくことは困難ではないか、という危機感の裏返しでもあった。

そんなある日、西荻の高橋師からこういう話を聞いた。

終戦後のある日、南方の戦場に出征していたお弟子さんが復員してきて語った。ある夜、きれいな月を眺めながら営舎の回りを歩いていたところ、何処からともなく謡を詠う声が聞こえてきた。声の主を見つけて、「自分も謡曲を習っている。一緒に詠いたい。ところであなたは何処の先生に習っているのか」と聞くと、「西荻の高橋先生だ」と答えた。「それは奇遇だ、実は自分も高橋先生の弟子だ」。二人は、故国を遠く離れた異郷の地での奇縁に感激し、「観世流謡曲百番集」を月明りに照らしながら詠い続け、やがて夜更けて分かれた。そして、その一人は戦死し、もう一人は生き残ったのだ、と。

二十歳にもならないうちから八十歳で倒れるまで、毎日黙々と素人たちに謡曲を教え続け、時たま舞台に立って舞う、そういう一生がこの時代にも厳然としてある。そして片方には、その人のもとに集まり散じるさまざまな人生がある。

高橋師の何気ないこの話に、私はいたく感動した。そのとき、伝統というものには、個人や時代の運命を超えて永続する生命力があるのだと信じた。

今私は、下平師の活躍を遠くから見守る不肖の弟子に過ぎないが、能という芸術を通じて自己実現をめざす彼の力強い挑戦には、いつも刮目させられている。そして何よりも、私にとって彼の存在は、「伝統の永続力」の生きた証なのだ。

独立十五周年を機に、下平克宏先生の更なるご活躍を期待したい。

『尾瀬に死す』再読

平成二十年五月二十日

平野長靖遺稿集『尾瀬に死す』を三十余年ぶりに読み返した。

今年の通常国会は、道路特定財源存続の是非をめぐって、与野党が激しく対立した。テレビの政治番組でもこの話題がしばしば取り上げられ、論客たちが道路をはじめとする「公共事業の必要性」について侃々諤々の議論を展開していた。それらを見ているうちに、ふと昔見たテレビの光景を思い出したのだ。それは、尾瀬に観光道路を建設しようという人たちと、それに反対する平野長靖とが、激しく言い争う風景だった。

それは昭和四十六年（一九七一年）、私がまだ高校三年生のころのことだ。数年前に始まった自動車道路の工事が尾瀬の目前に迫りつつあり、平野長靖はその計画に反対して孤独な戦いを続けていた。他方当時の佐藤栄作内閣はそのころ各地で頻発した産業公害に対処するため、この年七月一日に環境庁を創設した。

七月二十五日の夜、平野は初代環境庁長官となった大石武一の私宅を訪れた。

「もう工事は三平峠の下の一の瀬のところまで来ています。この道路が開通しますと都会からたくさんの人がやってきて湿原は踏みにじられ、ゴミは捨てられ、せっかくの尾瀬はめちゃめちゃになります。それは目に見えています。私は尾瀬を守りたいと思って、これに反対してきましたが、もうどうにも出来なくなりました。もはや長官の力でこれをとめていただくほか道はありません」（大石の回顧録『尾瀬への道』による）

大石は、「平野」と聞いて「長英さんの息子だな、とすぐわかった。長蔵、長英さんと親子で尾瀬を守ってきた話も知っていた」。その五日後、大石は自ら尾瀬に赴き現地を視察した。そして「どんなことがあっても道路は止めるぞ、と私は心ひそかに決めた」。この決断により、「大石武二」の名は歴史に（政治史というより日本環境史のなかに）、深く刻まれることとなった。

大石の尾瀬視察には、数十名の報道陣が同行して報道した。このため世論は大いに沸いた。世論の支持を背景に、大石は建設推進派の群馬、新潟、福島三県知事や建設大臣の強い抵抗を押しのけ、また親しかった田中角栄通産相の圧力にも負けずに、建設中止に向けて精力的に動いた。そして同年十一月には道路の建設中止が決まった。

その直後同年十二月一日、平野長靖は豪雪の三平峠で遭難死した。三十六歳だった。彼はまるで、尾瀬を守るためだけに存在したかのように生き、そして去った。劇的といえば、これほど劇的な生涯も稀だろう。

翌昭和四十七年春に大学生となった私は、その六月に出版された遺稿集『尾瀬に死す』をすぐに買い求めた。その中には、大学生の弟に読書を勧める手紙があり、そこで彼が推薦していた書物のいくつか、スメドレー『偉大なる道』とかスノー『中国の赤い星』など、を買い求めて読んだものだった。

平野長靖は群馬県利根郡片品村に生まれ、県立沼田高校を経て、京大文学部を卒業し、北海道新聞の記者となった。ジャーナリストとして生涯を終わるはずだったが、家業を継承することになっていた弟が亡くなったため、新聞社を辞めて、尾瀬に帰った。言うまでもないが、彼の祖父は尾瀬を開いた平野長蔵、父はそれを継いだ平野長英である。

長蔵、長英父子は、尾瀬原ダム計画に抗したことで知られる。大正十一年（一九二二年）、関東水力電気株式会社（後の東京電力）は、群馬県知事から尾瀬沼の水利権を許可された。平野長蔵は、ダム計画を阻止するために「長蔵小屋」への永住を決意し、翌年には加藤友三郎内閣の水野錬太郎内相にダム見直しの嘆願書を提出した。長蔵の死後は子の長英が長蔵小屋を継承し、ダム反対運動を続けた。

歌人でもあった長英の歌にこうある。

「こがねもてあがなひ得ざる麗しき国土埋めて発電すといふ」

紆余曲折の末、尾瀬原ダム計画は頓挫した。それが事実上凍結されたのは昭和四十一年（一九六六年）のことであり、東電が尾瀬の水利権更新を断念して、尾瀬原ダム計画が完全に消滅したのは実に平成八年（一九九六年）のことだった。

尾瀬をダム建設や道路建設から守った平野家三代の行動を、現代においては多くの人が賞賛するだろう。しかし同時代においては「変人」のなせる業と見なされていたことも事実なのだ。

水力発電が電力供給の主要な手段であった時代、尾瀬をダムにすることは、産業振興と豊かな社会づくりにとって、大いなる「必要性」があったことは疑いない。当時においては「コケよりも電気」という主張が正当性をもっていたのだ（コケとは尾瀬沼に生息するナガバノモウセンゴケなど稀少植物を指す）。

観光道路にしても「地元のためにはどうしても必要な道路だ」（神田坤六群馬県知事）、「過疎に悩む山村が発展していくには観光が大きな要素であり、それには道路を作らなければ」（大竹竜蔵片品村長）という主張を支持する人たちの方が多かった。実際、片品村の有権者の九割を越える道路建設推進の署名が群馬県議会に提出されたのだ。

しかし、今日、もし電力会社が水力発電のために尾瀬をダムの底に沈める、といったら、または行政が尾瀬に観光道路を通す計画を打ち出したとしたなら、日本人の九割、いや全国民が反対にまわるだろう。

つまり公共的事業の正当性というものは、その同時代だけの経済的社会的必要性だけでは判断できないということなのだ。もとより特定の地域や人がそれを「必要」と主張するだけでは、到底正当なるものとは認められないのである。

だから、その判断は、哲学的なものにならざるを得ない。そして真の保守主義者は、同時代においていかなる経済的社会的必要性が主張されようと、「開発」というものには慎重な態度で臨まなければならないのである。

第五章　私の政治的系譜

記者会見に臨む石橋湛山首相と石田博英官房長官

「単騎出陣」の気概

平成十二年十一月二十七日

田中秀征元経済企画庁長官は、「『単騎出陣』の気概だけが政治的閉塞を打開していく原動力になる」と、敗北した加藤紘一氏に（注）再奮起を促している。加藤氏の今後はともかく、この「単騎出陣」という言葉は、私たち石田博英門下生にとっては、格別の思い入れがある言葉である。それは石田先生が心からの尊敬をこめて石橋湛山先生に捧げた賛辞なのだ。

昭和二十九年の自由党分裂と日本民主党結党に至る政治過程は、いまだ詳細な学問的研究がなされていないが、私は極めて大きな意味をもつ転換であったと考えている。この大政局の主導者は自由党の石橋湛山、岸信介の二人であり、これに党外から呼応したのが改進党の芦田均、日本自由党（吉田自由党の外に残った鳩山派で俗に八人の侍と言われた）の三木武吉である。

そのころ長期政権で強権と腐敗の色を濃くしていた吉田内閣は、日に日に国民的支持を失いつつあった。鳩山一郎、石橋湛山、岸信介らは、憲法改正、自主外交、積極経済への転換など占領政治の抜本的転換を図ることで一致していた。

二十九年の初春から提携を深めた石橋と岸は、自由党、改進党、日本自由党の保守三党合同を実現し、合同後の新党総裁を鳩山一郎とするという基本戦略で押しまくり、ついに吉田主流派の妨害で三党丸ごとの合同が困難となるや、自由党を割って出るところまで事態は進もうとした。

不退転の決意で進む石橋を阻止できる者はいなかった。当初慎重だった鳩山も岸もやがて自由党脱党を決意する。鳩山は、この大政局に躍動した戦後政治の創業者たちのシンボルであり、唯一の世襲議員であった。鳩山は、石橋と岸を前にして「諸君に盲従するよ」と言い放ち、悠然として一身を投げ出した。

これに対抗して必死に吉田政権を守ろうとしたのが、池田勇人、佐藤栄作等吉田学校の面々であった。必死の巻き返しを図る彼らも、ついに万策尽き、十一月八日「泣いて馬謖を斬るの挙に出た」との党声明とともに石橋と岸の除名に踏み切った。石橋にとっては二度目の自由党除名である。

十一月二十三日、自由党の鳩山派、岸派の三十五名は鳩山を推戴して揃って脱党、翌十一月二十四日、自由党脱党組と改進党、日本自由党は合同して鳩山一郎総裁の下「日本民主党」を結党。衆議院議員百二十一人が結集、若き日の福田赳夫、中曽根康弘氏らもこれに名を連ねた。十二月七日、民主党は左右社会党と共に内閣不信任案を上程、同日六年余に及んだ吉田内閣は総辞職。九日鳩山内閣発足。

二年後、岸と石橋は鳩山の後継総理を争って死闘を展開し、総裁公選で七票差で勝利を手にした石橋が第二代自民党総裁となり内閣を組織した。今から四十五年前のことだ。

最近、社会主義の崩壊のせいか自称リベラル派が急増した。そして戦前からの自由主義者で、植民地放棄論者だった石橋湛山への評価が高まった。孫弟子筋の私としてはそれはそれで嬉しい話なのだが、石橋湛山を権力政治から超然とした知識人のように受取っている向きが多いのは、実に困ったことだと思う。

石橋は口先だけの政治家や評論家が大嫌いだった。私の一番好きな湛山語録に「いくら名論卓説を語っていても、選挙に出て、あのトラックの上に立って演説する度胸のないヤツはだめなんだ」というのがある。

石橋湛山も岸信介も、壮大な国家ビジョンをもった大政策家だったが、それ以上に、その大政策を実行するために泥まみれの権力闘争を恐れぬ胆力の持主だった。

新党運動を進める石橋にとって最も苦しい時期は、二十九年の九月ごろであった。この時点で、一気に反吉田新党の結成まで進むことには岸も芦田も反対であり、側近の石田も慎重論を唱えた。同年九月八日付けの『石橋湛山日記』にはこうある。

「石田博英氏を招き新党促進につき話し合う、彼はあくまで自重論を説く。手を別つより外なし」

このとき石橋は、たとえ最側近の石田が付いてこなくとも、「単騎出陣」する決意を固めたのである。晩年の石田先生にこのころの心境を聞いたことがある。

「石橋湛山という人はね、いつも単騎出陣なんだ。多数を集めるために自説を曖昧にするようなことはなかった。旗印を高く掲げて出陣すれば、遠からず味方は馳せ参ずる、と言うわけさ。だから番頭の俺はいつも振り回されていたよ。しかし一たび石橋に賭けたからには、彼が決意して走り出せば、俺は是非善悪、有利不利に拘わらず付いていく腹はいつでも出来ていたさ。あの人を一人で行かすわけにはいかないからな。政治家は理屈じゃないんだ」

公職追放中の石橋湛山を一人で支え、彼の二度の除名、一度の離党に敢然として従った石田博英にして初めて吐ける感慨だろう。大きな変革を成し遂げようとするとき、政治家には単騎出陣を覚悟しなければならない場面がある。また自ら「この人に」と信じ、賭けた政治家が単騎出陣しようとするときには、理屈を捨てて従うのが男というものだ。石田先生は私にそう教えたかったのだろう。

鳩山由紀夫氏が新党結成を目指して新党さきがけを一人で離党したとき、単騎出陣とはこのことだと、私も直ちに離党を表明した。記者に理由を問われたとき、思わず「あの人を一人で行かすわけにはいかない」と言ってしまったが、そのまま記事になった。泉下の石田先生は苦笑したことだろう。それにしても当初余りに追従者が少ないのに驚いた。

加藤政局が白日の下に曝したように、今や与野党の反政権勢力の側には、石橋湛山も岸信介も、三木武吉もいない。

しかし「鳩山」だけはいる。

（注）いわゆる「加藤の乱」。加藤紘一氏はこの稿の書かれる前の週（十一月二十日）、野党の提出した森内閣不信任案に同調する動きを見せたが、自民党内の巻き返しが激しく、不信任案は否決、加藤氏は敗れた。

田中秀征の『石橋湛山』

平成十六年八月一日

「行動人であることをやめたら文章を書くこともやめる」

類まれな文章力をもつ田中秀征氏が若き日に語った言葉だ。

田中秀征の最初の著作は、昭和四十七年の総選挙出馬に際して書いた『落日の戦後体制』だった。その年大学生になったばかりの私は、ふとしたことでその本に出会い、彼の文章のとりこになった。そして当時は全くの泡沫候補であった彼の選挙の手伝いをするようになった。

私は政治家志望を公然と口にしていたので、初めのうちはあまり信頼を置いてはもらえなかった。なぜなら彼は、昔も今も、「政治感覚が旺盛な人間は嫌い」という、際立った人への嗜好を持っているからだ。政治家になりたい人間、出世意欲旺盛な人物、権力追求にあくせくする人物を、彼は体質的に忌避する。それが彼の政治生涯の成功と蹉跌の要因の一つとなった。

政界で彼が押し立てた人物も、どちらかというと、見識はあるが政略面では劣ると評価された人たちが多かった。宇都宮徳馬、西岡武夫、伊東正義、宮沢喜一、細川護熙、村山富市といった人々を思い浮かべればよくわかるだろう。宮沢、細川両元首相が彼を重用したのは、その政策能力によるものと一般に理解されているが、両氏はむしろ、自己に不足する政治感覚（政略や政局観、人物評価）を田中秀征によって補おうとしていたのである。この話はひとまずおく。

さて、田中秀征といっても、本欄の主たる読者である二十代の皆さんには誰のことかわからないかもしれない。しかし、余人は知らず、私の中では、彼は今もなお、宰相候補の筆頭たる人物である。この時代へのトータルな代替案を持った政治的人格は彼を措いて他にはいない。

だが、彼を知るマスコミ人の多くも、彼はすでに評論家であって、政界への復帰はもはや考えていない、という。しかし、それは正しい見方ではない。彼は虎視眈々と再浮上の機会を待っている。

彼は政治的天才の類に属する人物である。政治的天才はいつの時代にもいる。しかし彼らが現実の政界に登場し後世にその名を留めるか否かは、一にかかって時代状況による。その政治的天才の個性と具体的な時代状況が合致したときにのみ、彼らは指導者として登場する。クレマンソーやドゴールやチャーチル（いずれも田中秀征好みの政治家だが）、彼らはみな重大な危機を背景としてのみ、浮上することができたのだ。

だから、政治的天才は危機的な政治状況を待ち望む。田中秀征もその例外ではない。では彼の待望する危機とはどういうことか。

自民党にはとっくに引導を渡している。問題は民主党だ。民主党は結果として、彼の手作りの政党「新党さきがけ」を潰すことで出来上がった。民主党の発足とさきがけの失速により彼は落選し、政界での地歩を喪失した。民主党への嫌悪感は深い。しかし、それでも現実を思えばこれに期待しないわけにはいかない。彼の心境は複雑だ。

彼は心のどこかで、民主党をも葬り去るような政治的危機の到来を待ち望んでいる。既成政党がすべて失格するような政治状況。そのときこそ、再び自らが指導権を握る新党とともに浮上するのだ……。

彼の評論には時々その本音が覗く。「本当の政治刷新は外からの力に待つしかないかもしれない」（総選挙への感想『ダイヤモンド』）、「（民主党が失敗した場合は）新しい政治勢力の出現を待つほかはない。野党を統合する少数精鋭の要《かなめ》党だ」（年金未納問題で混乱する民主党への感想『朝日新聞』)。

先日出版された『日本リベラルと石橋湛山』も、同様の政治的文脈で書かれたものだ。この時代の危機の総体を正しく認識し、この時代へのトータルな代替案を持った指導者が必要とされている。確かに危機の時代を担う人材がいないということこそ、日本の危機の本質だ。田中秀征は石橋湛山を語ることによって、自らを語っているのだ。

石橋湛山は、終戦の混乱の中で、ただ一人明確な国家再建構想を持っていた人物だった。戦後復興への強い使命感から総選挙に出馬し、落選したものの自由党総裁鳩山一郎によって大蔵大臣に推された。吉田内閣大蔵大臣一年のち公職追放。復帰後、吉田政権打倒、鳩山政権樹立に奔走。鳩山退陣後、石田博英らほんの少数の同志に推されて自民党総裁選に立候補。わずか七票差で岸信介を破り、宰相の印綬を帯びた。

つねに、旗印を高く掲げて単騎出陣する石橋湛山。そして、その石橋の政治行動を無条件に支えた石田博英、宮川三郎、名取栄一らの同志。田中秀征は彼らに最大限の賛辞を惜しまない。

彼は、石橋に賭けた石田博英を、功山寺挙兵のときの伊藤博文に比している。「誰一人同調しない段階で、伊藤はたった一人で最初に手を挙げた」と。

成算定かならぬ自らの最後の挑戦に、石田や宮川や名取の如く、ひたすらに付き従う同志が果たしているか。それを、彼はずっと自らと世間に問うているように見える。私はそこに、現代の石橋湛山たらんとする田中秀征の決意と焦燥を思わざるを得ない。

抜群の時勢眼を持ちながら、座するに議席なく、倚るに政党なく、実際の政界では日々忘れ去られていく。彼の置かれた政治的現実の困難さは石橋湛山の比ではない。

一方で、田中秀征の旗印は、ここ数年の政治的混迷の中でますます鮮明となり、遠くからそれを仰ぎ見る者には、見えすぎるほどはっきりと見える。むしろ、その旗幟がいつまでも静止し、敵陣に向けて動き出さないのを訝しく思っているのだ。「田中秀征は、なぜ単騎出陣しないのか」と。

『舵を切れ』のときも、『梅の花咲く』のときも、「さてこそ単騎出陣」と、破れ鎧を繕いだしたのは私だけではない。そして今度はいよいよ、『石橋湛山』である。この国が、これほど大きな岐路に立っているとき、田中秀征が単なる一政治史家として、本書を刊行したとはとても思えない。

私は、若き日に彼から学んだこと、彼の口から出た言葉のすべてを記憶している。昨年の高崎市長選に出る決断は本当に苦しいものだった。そのとき、泡沫候補時代の彼の言葉の一つ一つを思い出しては自分を励ましていた。パンフレットには、座右の銘として「戦いなければ哲学なく、哲学なければ決断なく、決断なくして政治なし」という彼の言葉を掲げた。そのとき、もう一つ、心の中で繰り返した彼の言葉がある。

「政治家というものは、最も遠くの支持者、目に見えない支持者にこそ、断固として筋を通さなければならない」

　彼は政治家として死すべきだ。評論家として瓦全する田中秀征は、私にとって田中秀征ではない。

改憲論者としての石橋湛山

平成十六年八月二十七日

前回の本欄に関連して「なぜ護憲派の石橋湛山が、改憲派の鳩山一郎を担いだのか理解できない」という趣旨の質問が寄せられた。

同時代の政局の中で改憲論者として自他共に許した石橋湛山を、護憲論者と誤解している人たちがいるのは驚きだ。最近の石橋湛山への関心の高まりは、湛山の孫弟子としてうれしく思うが、こういう誤解は困ったものだ。

私が石田博英氏の事務所に出入するようになった昭和五十年前後の時代は、石橋湛山は無名とはいわないが、ほとんど知られていなかった。少なくとも石橋湛山イコール小日本主義という理解のされ方はしていなかった。

石橋湛山は、金解禁に反対した民間経済学者として高名な存在ではあったが、大正期の「東洋経済新報」誌上の満州放棄論など一連の論説（いわゆる小日本主義論）の故に、同時代や戦後の政界やマスコミ界に知られていたわけではない。

現在から見ると卓抜した石橋の小日本主義論も、同時代には、ほとんどの人に知られていなかった。なぜなら一つには、東洋経済という雑誌が経済専門誌であり、「中央公論」や「改造」といったポピュラーな言論雑誌ではなかったからであり、もう一つは、その多くが匿名による社説であったからである。「石橋湛山の小日本主義」というイメージで広く知られるようになったのは、彼の死後それも昭和五十年代半ばになってからのことである。

東洋経済の社説は無署名であり、それらの論説が石橋の筆になると公式に明らかになったのは、昭和四十年代後半に、東洋経済新報社が石橋湛山全集を刊行したときであった。それ以前に、京都大学の松尾尊允氏らによる『大正期の急進的自由主義』という先駆的研究書が出されたが、このときはまだ「東洋経済新報の論説の研究」であった。

石橋と小日本主義を結び付けて再評価する活動は、一つには言うまでもなく東洋経済新報社（石橋湛山記念財団も含む）により、もう一つは長幸男氏らを先駆とし増田弘沖縄国際大教授（現東洋英和女学院大学教授）や筒井清忠奈良女子大教授（現京都大学教授）らが受け継いだ学界、そして政界での石田博英事務所の三者によって推進された。

口幅広き言い方で恐縮だが、石田事務所での私の仕事のかなりの部分は、石田氏のゴーストライターとして多くの新聞や雑誌に寄稿し、石橋湛山の小日本主義を鼓吹して、当時のレーガン軍拡に呼応した日本国内の防衛費拡大路線に警鐘を鳴らすことであった。石橋湛山生誕百年記念の「東洋経済」誌上では、増田、筒井両氏と三人で「われら三十代石橋湛山をかく受け継ぐ」などと勇ましい対談をやったものだった。もう四半世紀も昔のことだ。

当時学界でもマスコミでも政界でも大方の石橋湛山評価は、一言でいうと「オールド・リベラリスト」と受け止められていた。戦前の硬骨の自由主義者ではあるが、過去の人という印象だった。とくに左翼（革新）陣営には全く評価されていなかった。財閥解体に反対し、二・一ゼネストつぶしの先頭に立ち、マルクス主義に対して資本主義の優位を説き、鳩山一郎とともに憲法改正・再軍備を主張して政治活動を行っていたのだから、革新陣営から評判の良かろうはずがない。

われわれはそんな時代に石橋湛山の再評価に携わった。今日の石橋湛山礼賛というべき風潮をみると、まことに隔世の感に打たれる。

こうした現象はなぜ生じたかといえば、冷戦の終焉により、左翼の思想的基盤としてのマルクス主義、社会主義が崩壊し、その立場にいた人たちが、なし崩し的に転向し、自由主義の敷地の中になだれ込んできて、自らの位置を「リベラル」と僭称するに至ったことによる。社会主義に基盤をおいていた護憲、非武装論者が、リベラルという自己規定の中で、比較的同化しやすい自由主義者（リベラリスト）を探したとき石橋湛山がいた、という構図である。

それにしても、「もし今石橋湛山が生きていれば、憲法改正に反対しただろう」とか「自衛隊の海外派兵に反対しただろう」というような、ためにする議論には、石橋湛山の政治的系譜に立つ者として大きな怒りを覚える。

彼は、実体経済に精通した経済学者としての現実主義的立場から小日本主義を唱えたのであり、戦後も同様に現実主義者として空想的非武装論を批判したのである。「今日の世界に於て無軍備を誇るのは、病気に満ちた社会に於て医薬を排斥する或種の迷信に比すべきか」（『湛山日記』昭和二十五年元旦）。

私は石田事務所時代に、朝日新聞論説委員の故塩口喜乙氏の協力を得て、昭和二十年代はじめから石橋政権樹立までの間の、新聞や週刊誌すべてに目を通した。朝鮮戦争後の世界情勢の変化を背景として、石橋が政界に復帰した昭和二十六年から鳩山政権樹立にいたる間、石橋は、鳩山や芦田均とともに改憲論の三巨頭であったことは紛れもない。

彼の改憲議論は明瞭であり、鳩山以上に踏み込んでいるときもあった。記者に米国から朝鮮への派兵を求められたらと聞かれて「国力に相応するだけの兵力を送ればよい」、再軍備の場合志願兵制度か、徴兵制かとの問いには「徴兵制だね。米英両国を見てもかつての志願兵制度から、みな徴兵制になっている」(『週刊朝日』昭和二十八年四月五日号)などと、やや脱線するくらい勇ましい。

公式的立場でも同じだ。自由党(吉田茂総裁)、分党派自由党(鳩山総裁)、改進党(重光葵総裁)の保守三党が争った昭和二十八年の総選挙では、鳩山自由党の改憲論がもっとも先鋭的であった。石橋湛山政策委員長の筆になる同党の政策は「一、憲法を国情に適するように改正する。二、戦争否定の精神はあくまで国策として存置し、戦争発生防止のために自衛軍を組織し、治安の確保と国土の防衛に万全を期する」と述べている。

こうした立場は首相就任後も変わっていない。石橋の憲法観は、岸氏ほど復古思考ではないが、大方の保守政治家とそれほど変わるものではなかった。彼は、昭和憲法には「権利の主張が非常に強く、義務についての考慮が足りない」と強く批判する。

「権利を持っているものは、義務を自覚しなければならない。義務を忘れて権利だけ主張するようでは社会生活は成り立ちません。民主主義国においては、国家の経営者は国民自身だ。その義務の規定に周密でない憲法は、真に民主的なものとはいえない」

「現行憲法には、軍備の問題など細かい点でいろいろあるとは思うが、そういうことよりも、全体を貫く思想の面で再検討する必要があると思います。軍備の問題もそうです。軍備すなわち徴兵といって、みんな触れることをイヤがるが、国連に加盟して国際的に口をきくためには、義務を負わなければならない。国連の保護だけ要求して、協力はイヤだというのでは、日本は国際間に一人前にたってゆくことはできません。国連に義務を負うということは、軍備ということも考えられるし、また先ほどいった海外投資も一つの型だろう。とにかく、国連に入った以上、その責任を果たすことは考えておかなければならないと思います」(『東洋経済』昭和三十二年新年号)

これは現在でも通用する堂々たる昭和憲法批判であり、鳩山一郎の嫡孫が手がける憲法改正作業をお手伝いする際に、湛山先生の孫弟子として常に肝に銘じているところである。

ある戦後政治家の軌跡
——石田博英小伝

『自由思想』平成六年四月号所収

平成五年十月十四日早暁、石田博英は死去した。七十八歳であった。新聞各紙は一面または社会面でかなり大きなスペースを割き、解説をつけて彼の死を報じた。首相未経験者でしかも引退後十年を経た政治家に対するものとしては異例の扱いであった。葬儀は十月十九日芝増上寺で行われた。友人代表として弔辞にたった自民党総裁の河野洋平は石田の業績とその先見性を称え、こう語りかけた。

「日本の政治がいま重大な分岐点に立ち、私たち政党人はもとより国民一人ひとりが国や世界の未来を洞察した思想と行動の選択を迫られております時、私たちがぜひともご教示を仰ぐべき大先輩が石田先生でした」

冷戦が終わり、国内では自民党の長期政権に終止符が打たれた現在の政治状況を、あの石田ならどのように考えるだろうか――。それは河野のみならず会葬者の多くもまた知りたいと感じたことであった。河野は、石田は「スケールの大きい政治家」であり「王者の風格」があった、と結んだ。

その大きな体躯、大きな構想力、大きな行動力で、戦後政治を闊歩したこの男を失った喪失感は、会葬者の何人かが漏らした感慨に象徴されるであろう。

「バクさんのような政治家はもう出ないでしょうね……」

石田博英は大正三年秋田県山本郡に生まれた。幼少年期を京大出の技術者であった父とともに京都で過ごし、長じて早稲田大学に入学する。彼は、当時唯一の学生運動であった学生消費組合の活動に参加し、その指導者で社会主義者の賀川豊彦の人格に深い尊敬の情を覚えながらも、結局社会主義者とはならず、反骨の自由主義者としての自己を育てていった。しかし時代は確実に軍国主義の道を歩んでおり、石田も数度にわたる検挙、留置を経験している。また教授吉村正の紹介で三木武夫を知り、その初めての選挙戦を徳島でともに戦っている。

早稲田を卒業した石田は、中外商業新聞社（現日本経済新聞社）に入社、社会部記者、上海支局長、終戦取材班のキャップ、政治部次長を経て、昭和二十二年、郷土秋田に戻り衆議院選に立候補する。

石田の立候補を慫慂したのは、戦前衆議院議員として犬養毅と行動をともにし、当時公職追放中だった中田儀直と、彼とともに犬養に私淑していた木堂会の面々であった。以後十四回の選挙で一人の違反者も出したことがないという廉潔で精強なこの支持者たちが、三十六年にわたる石田の自由な政治活動を支えた。

石橋内閣の立役者

石田は小汀利得（日経新聞社長）の紹介で、当時吉田内閣蔵相で自由党選対委員長であった石橋湛山の知遇を得、その物心両面の支援によって初当選を果たした。石田は、石橋を戦時中も軍部の弾圧に抗した硬骨の言論人としてかねてから尊敬しており、当選後迷うことなく石橋の麾下に参じた。しかし石橋は、占領軍と鋭く対立して昭和二十二年五月公職追放処分を受け、政界を追われた。

筋金入りの自由主義者である石橋湛山に深く私淑した石田は、その追放中も唯一の石橋派をもって任じ、人目を憚ることなく石橋のもとに出入りした。占領下の政治状況を考えると、それは相当に勇気を要する行動であった。

昭和二十六年、石橋は鳩山一郎、三木武吉、河野一郎らとともに政界に復帰し、鳩山を担いで吉田からの奪権闘争を開始する。二度にわたる自由党脱党、民主党結成、鳩山内閣成立に至る苛烈な権力闘争の過程で、石田は終始石橋と行動をともにし、反吉田派の闘将となる。このころ、彼は吉田派から「反乱軍」と渾名されていた。

当時、石田の石橋に対する変わらぬ忠誠は、反復常ない政界の奇観と見られていた。吉田自由党の実力者大野伴睦がこう書き残している。

「……石田博英などは、なんでもかでも石橋先生一辺倒だ。石橋がどんな政治活動をしても石橋の人物に私淑して壇ノ浦までついていく。……利害、打算を度外視して行をともにする同志、後輩を持っているということは、石田がえらいか、石橋がえらいかは別としても、とにかく石橋の価値を物語るものだ」（「わが人物評」『日経新聞』昭和二十九年十月二十二日）

保守合同を経て鳩山内閣退陣、昭和三十一年十二月、自由民主党は初めての総裁公選を迎える。このとき保守合同の立役者三木武吉はすでになく、また大方が後継者として確実視していた旧自由党系の総帥緒方竹虎も急逝し、合同後間もない自民党内は一種の権力の真空状態が生じていた。かねて石橋擁立の機会をうかがっていた石田にとって、またとない政治状況が訪れたのである。旧自由党系から石井光次郎、旧民主党系から岸信介が名乗りを上げた。岸は幹事長として党内を掌握し、河野一郎、佐藤栄作らの支援のもと、豊富な資金と相俟って圧倒的優勢が予想されていた。しかし石田はたじろぐことなく石橋を擁立して勝負に打ってでる。

「石橋先生や私が何より念願したのは、誕生間もない日本の自由民主主義を、戦後の政治の中に根づかせることであった。……戦後日本の再建は戦前の失敗についての厳粛な反省のうえになされなければならない。戦前の対外侵略戦争は誤っていた――この基本認識を曖昧にした政治家が国家の指導者になってはならない、と私は確信していた」（石田『石橋政権七十一日』）

石橋派は、石田ら従来からの側近数名と旧鳩山派の大久保留次郎ら反河野グループが合流した十数名の少数派にすぎなかった。彼は劣勢の石橋派の参謀として縦横の知略を揮い、旧改進党系の三木武夫派と結び、旧自由党系の実力者大野伴睦派を引き付け、さらに石井支持派の池田勇人を誘う。そしてついに二・三位連合の奇策をもって、わずか七票差で岸を破ったのである。石田は石橋政権発足とともに内閣官房長官となる。時に四十一歳。人は彼を「政界の勝負師」と呼んだ。

束の間の栄光

しかし念願の石橋政権は、石橋首相の急病によって、わずか七十一日で終わる。石田は幹事長の三木とともに、石橋内閣の潔い退陣を演出した。三木と石田の合作になる「石橋書簡」は、政治家の出処進退の範を後世に示した名文といわれる。

政権は外相として入閣していた岸（総理大臣臨時代理）に移譲される。このとき石井は閣内になく、また先の総裁公選で岸が七票差に迫っていた事実から、この交代劇は確かに党内の大勢に従うものであった。しかし石橋とはその経歴と思想を全く異にする岸政権が成立したことは、日本の民主主義と保守政権のその後のあり方に少なからぬ問題を残したものといえよう。それを石田は痛恨をこめてこう回顧している。

「石橋政権の短命が、健全な自由主義の伝統の継承と発展を阻害した事実は否めない。石橋政権にかかわった一人として遺憾と責任を痛感する」（石田『私の政界昭和史』）

石橋政権のあまりに短い終焉は、何よりも政治家石田博英にとっての悲劇であった。石橋政権は、官房長官の石田、蔵相となった池田、幹事長となった三木の三人の政権であった。三人それぞれが将来への野望を託して石橋を推戴したのであった。石田が石橋政権崩壊によって被った影響は、すでに大派閥の領袖であった池田や三木に比べて、格段に深刻なものであった。もし石橋が病に倒れなかったら、その政権の持続と相俟って、石橋派はより強固なものとなり、それが石田の政治的将来を保証するものとなったことは予測に難くない。

石橋退陣後、石橋派内では、石田が三木とのみ図って独走したことに端を発して、石田排斥の動きがおこる。さなきだに寄合所帯の少数派であった石橋派は、この内訌がもとで凋落し、解体の道をたどった。こうしてその後の石田は、自己の能力を頼んで他派に友を求める「一匹狼」に生きることとなった。生来の恬淡とした性分、また「石橋書簡」が訴えた派閥解消の理念への彼の政治思想上の強い共鳴が、この生き方をますます正当化したのである。

石田労政

石田は、岸、池田、佐藤、福田内閣で通算六期にわたって労働大臣を務めている。それ以外ではわずか数ヶ月の運輸大臣を経験しただけであり、行政家としての彼の能力と業績はその労働行政にのみ発揮され、残された、といえよう。そして労働行政こそは、石田の「進歩的」政治理念を現実政治に反映させる絶好の機会を提供したのである。

石田が労政にかかわり始めた昭和三十年代の前半は、今日では想像できないほど労働運動の激化した時代であった。保守政党では労働政策即ち治安対策とする考え方が主流を占めていた。また、労働側、革新陣営の多くも労働運動を社会主義革命の手段ととらえていた。

石田は労使関係の安定こそ経済発展を保障するものであり、労働者の諸権利の尊重と福祉向上に努めることによってこそ、労働運動の激化を抑制し、それを体制内化することができる、と認識していた。「石田労政」とは即ち、労働者にはその権利行使に際して合法性の徹底を求める一方、その要求と主張に積極的に対応していこうとするものであった。

昭和三十二年七月、石田は岸内閣改造で官房長官から労相に転ずる。それは岸が、石橋体制の中軸たる石田、三木、池田らを政権中枢から遠ざけることを意図した人事であったが、石田の労政家としての手腕に岸なりの期待をこめていたこともまた事実である。石田はすでに官房長官時代、公労協のストライキを調停し、早くも仲裁裁定の完全実施の原則を確立して、労働側の信頼を得ていたのである。

第一回目の労相任期中に石田は、職業訓練法の実施、最低賃金制度の立案、週休制の普及、農村の二三男の就職対策（集団就職方式の実施）など先駆的な労働行政を展開し、保守政権下でとかく日陰者扱いされてきた労働官僚を勇気づけ、彼らの強力な支持を獲得した。そして彼の労政家としての手腕は、広く財界、労働界、マスコミの認めるところとなったのである。

昭和三十三年五月、岸内閣は安保闘争の高揚のなかで退陣し、池田内閣が誕生した。

「……盟友桜田武は、池田内閣の最初の仕事が三井三池の炭鉱争議であることを見ぬき、大平を呼んで石田博英を登用すべきであると進言した。池田は即座にこの考えをとった」（伊藤昌哉『池田勇人・その生と死』）

安保闘争は保守政界に多大の脅威を及ぼした。そして、三井三池争議は総資本対総労働の対決と称され妥協点を見出せないまま泥沼化し、流血の大惨事が目前に迫っていた。その成り行きいかんは、池田内閣の命運のみならず、保守体制そのものの存立を脅かすとの危惧が、広範に存在した。このとき石田は、いわば保守陣営の切札として登場する。石田、四十五歳。時代が彼を必要としたのである。そして彼はこの危機を見事に克服し、労政家としての名声を不動のものとした。

その後石田は、第二次、第三次池田内閣、第一次佐藤内閣さらに福田内閣でも労相を務め、ＩＬＯ八十七号条約批准、勤労者財産形成促進法の立案、雇用安定資金制度の創設など赫々たる業績を残している。また自民党労働憲章の制定（昭和四十四年）にも主導的役割を果たした。

こうして石田労政の定着と成功は、やがて世界的に注目されるにいたる安定した「日本的労使関係」として開花した。石田労政は、結果として保守体制の永続を保障するという歴史的意義をもったのである。

「保守政党のビジョン」

池田、佐藤両政権下の約十年、石田に冠せられた形容詞は「ニューライトの旗手」であり、「一匹狼」である。保守政治の思想的枠組みからいうと彼は保守党内進歩派（ニューライト）であり、党内の権力政治の単位でいうと無派閥（一匹狼）ということになる。

石田は昭和三十八年一月号の『中央公論』誌上に「保守政党のビジョン」と題する論文を発表した。そこで彼は、自民党と社会党の得票率が、それぞれ第一次産業人口、第二次産業人口と並行して減少、増大している事実に着目し、その増減の勾配をそのまま延長すれば、六年後に自・社の得票は逆転して社会党の天下となる、と予測した。そしてそれを防ぐには、派閥解消、政治資金の健全化、党組織の近代化が急務であり、増大する勤労者の支持を得られるような、新しい保守政治の理念を確立しなければならない、と説いたのである。

この石田論文の反響がいかに大きかったかは、今日、戦後政治史を扱った書物の多くが、この「保守政党のビジョン」を引用して当時の政治状況を解説していることでも明らかであろう。

「石田予測は……当事としては斬新な手法で、保革伯仲―逆転の時期が論文発表から僅か六年後に迫っている、と大胆に予測したことなどで、政界内外に一種の衝撃を与えたものであった」（石川真澄『戦後政治構造史』）

これによって保守政党内には党近代化論が力を得、やがてそれは「『一切の派閥の無条件の解消』がすべてに先行する党近代化の条件であり、これだけは万難を排して実現せねばならぬ」という有名な三木調査会（自民党組織調査会）答申となって現れる。三木調査会で副会長兼基本問題小委員長であった石田は、この答申とともに新しい保守の理念を謳った「自民党基本憲章」「労働憲章」の草案を提出した。両憲章は長期間の党内論争を経て修正のうえ採択された。

石田の予測は結果としてははずれた。自民党の得票率は昭和四十四年の総選挙で四八・八パーセントと過半数を割った。しかし野党の多党化が議席数での過半数割れを防いだのである。

これによって自民党は徹底した自己改革の道を避けて通ることとなり、社会党は政権政党に飛躍するための現実路線への転換を怠ったまま今日に至ることとなった。

ともあれ、一九六〇年代の政界で石田が保守党改革を目指す進歩的政治家として注目と期待を集め、特異な影響力を保持していたことは事実である。

「一匹狼」の命運

佐藤政権下の昭和四十年代はまた、急激な高度経済成長がもたらした様々な社会問題が噴出した時代であった。物価高や公害、さらには学園紛争やベトナム反戦運動の高揚など。こうした社会情勢を背景に東京はじめ全国各地に革新自治体が誕生した。また日中関係の行き詰りなどから外交面でも保守政権に対する不満が増大し、自民党得票率は各種の選挙で「長期低落傾向」を示していた。

このころ佐藤政権と距離をおいていた石田は、保守政権の政策転換を訴えて次々と提言を続ける。「イデオロギーからの離陸」（『政策』四十三年六月号）、「国民生活政府の提唱」（『中央公論』四十五年一月号）、「平和創造外交の提唱」（党への意見書四十五年秋）、「ニューライトの政治構想」（『自由』四十六年六月号）等々。それらは外交面では中国政策の転換、内政面では国民生活優先の経済政策への転換を主たる内容とするものであった。今日の視点でこれらの提言を検証するとき、石田が同時代人の中でも、抜群の時代認識と政策構想力の持ち主であったことは疑いを入れないところである。

しかし、石田はこれらの提言を実現する権力基盤を、どうやって構築しようとしたのであろうか。未だ五十代前半の若さであった彼が、全くの警世家として「一匹狼」に生きようとしていたわけではなかろう。たとえば、石田は昭和四十五年の東京都知事選に際して、反美濃部の保守系統一候補にあげられ、佐藤首相が直々に熱心にその立候補を勧めた。しかし石田は、中央政界に生きることを明言して辞退しているのである。

当時「人事の佐藤」と呼ばれ、派閥力学に基づく冷徹な人事を旨とする首相佐藤栄作のもと、派閥解消の党是は全くの建前となり、実際には派閥の制度化が着々と進行していた。派閥解消を掲げて池田内閣を揺すぶった「党風刷新連盟」は、佐藤内閣成立とともに福田派に衣替えしてしまった。石田は彼に従う少数の同志とともに、佐藤の再選挙（昭和四十一年）に藤山愛一郎を、三選（四十三年）と四選（四十五年）に三木武夫を担いで挑戦するが、いずれも敗退する。四十一年当時は三木も主流派として佐藤内閣閣僚であり、この時ともに藤山を推した中曽根康弘はたちまち豹変して入閣してしまう。その時中曽根は「権力の至近距離にいて政権を狙う」と言い訳したものだが、それは結果としては正しかった。この時期の政権との距離の相違が、石田と中曽根の政治家としてのその後の命運を分けたことは事実であろう。佐藤政権の七年余、石田は藤山とともに反主流派の巨頭と見なされ、一切のポストから除外され続けた。

抜群の時勢眼をもちながら、「一匹狼」故に権力の座からますます遠ざかっていく自分に彼が何の焦燥も覚えなかったとしたら、それこそ不思議であろう。そしてその焦燥感は彼にもまして、彼を取り巻く政治家や保守政権の現状を憂える人々に強かった。

昭和四十四年秋、石田は側近の地崎宇三郎らの進言を入れ、ついに無派閥の立場を捨てて「二日会」と称する少数派閥を組織した。しかし既存派閥の組織化が進行する中で、展開の糸口がつかめぬまま終始する。そして四十六年秋、最後まで彼に従った宇都宮徳馬、地崎宇三郎、山口敏夫らを伴い三木派に合流することとなった。

こうして石田は、以後三木派幹部として政治活動を続けることとなり、田中政権下で全国組織委員長（この時は特に党三役と同格に扱うとされた）、さらに三木政権下の幹事長代理、運輸大臣を歴任する。この間も平和創造外交と保守党近代化の持論に基づき、日ソ友好議員連盟会長となり、また自民党新綱領起草委員長となっている。しかし彼の年来の進歩的持論を盛り込んだ新綱領は、党内タカ派からの反対と田中金脈政変の混乱の中で立ち消えとなってしまった。

後年石田は理想と現実の中で揺れた自己の政治活動をこう総括している。

「私たちの党近代化への模索は、実際には空しい結果しかもたらさなかったかもしれない。しかし、むき出しの派閥抗争と腐敗が横行する保守党の一隅に、こうした試みが存在したことで、国民の保守政治への信頼がつなぎとめられたという一面もあったと思う」（石田『私の政界昭和史』）

警世家としての晩年

福田内閣で六度目の労相を務めて以後、石田の政治生涯は急速に晩年の様相を呈してくる。党内の権力闘争から意識的に遠ざかり、保守党進歩派の長老として警世家的な行動と発言に活動を限定していく。

悪化する米ソ関係、国内に台頭する軍事力増強論に危惧を抱いた石田は、石橋湛山の小日本主義に託して、勢いを得ている「軍事支出拡大による国際貢献論」批判の論陣を張り、また行き詰りの日ソ関係の打開を念願し、三度にわたる「日ソ円卓会議」の開催に主導的役割を果たしている。「国際的責任を果たす道」（『世界』昭和五十七年五月号）、「小日本主義に還れ」(『中央公論』五十七年七月号)は、石田の透徹した歴史観と先見性を遺憾なく示した格調の高い内容のものとなっている。

これら当時の論文の中にこんな一節もある。

「(ソ連は)巨大な軍事力とは裏腹に、イデオロギー的影響力を喪失し、国内的には民族問題、経済不振に悩まされ、域内諸国内部には自立化への流れを抱えるなど、現在のソ連の存立の基盤は脆弱性を増している」(『小日本主義に還れ』)

いうまでもなく、これはソ連崩壊の十年前の発言である。内外にソ連脅威論の渦巻く中で「ソ連の存立の基盤は脆弱性を増している」と断言し得た洞察力と政治的勇気は並大抵のものではない。この一事をもってしても、石田が巷間いわれているような「親ソ派」のイメージを遥かに超える存在であったことは明らかであろう。

しかし、これらの活動はマスコミの支持と高い評価を得たものの、政治家としての石田は異端の保守政治家の色彩をさらに濃くしていったのである。

昭和五十八年暮の総選挙に際して、石田は立候補辞退を表明した。六十九歳になっていた。かねて「政治家七十歳定年」を語ってきた彼であったが、直接的には持病のヘルニアが悪化し、健康に自身がもてなかったことがある。

そのころの国内政治状況はマスコミから「田中(角栄)支配」と渾名されていた。石田はそれを「利益政治」と呼び、「高度成長の時代を通じて形成された各種の利益集団・圧力団体の存在と、限度をこえた地域的利益要求の噴出が、保守政権の政治指導力を著しく歪めている。地域的利益、産業的利益、集団的利益など個別的利益要求の抱えこみが、自民党の支持基盤を広く強くしてきたことは事実であるが、その反面、予算配分の利権化、政治と行政の過度の癒着を生み、政治腐敗の温床となっている」（『小日本主義に還れ』）と批判した。そしてその利益政治の行き着く先が自民党の統治能力の喪失と政権の崩壊であることを折に触れて警告した。しかし田中支配はむしろそのような個別利益の強力な代弁者であることを売り物とし、豊富な資金力と政権派閥の権力にものをいわせ、各地で理想も見識も乏しい出世主義的な官僚や地方政治家を立候補させ、自民党内での多数を制していったのである。国家的視野で行動しようとする政治家が排斥され、業界利益や地元利益の忠実な代弁者こそを良しとする政界内外の風潮に石田はつくづく嫌気がさしていたのである。

ご多分にもれず秋田でも田中派新人の金権候補が彼の選挙地盤を徐々に侵食していた。戦って勝てない訳ではなかったが、卑俗な野心家との泥仕合で晩節を汚したくなかったのである。そして「政治家は世襲すべきでない」と後継者を指名しないまま去った。

戦後政治家の典型

石田は最も典型的な戦後政治家であったといえよう。平和主義、非軍事主義、民主主義、自由、平等、福祉……。日本が戦争を経て獲得したこれら諸価値に対し、石田ほど愛着を感じ、それらの制度上の確立と政策的実行に、本心で取り組もうとした保守政治家はいないであろう。それら諸価値を「日本国憲法の精神」というなら、石田はその忠実な体現者であった。そして冷戦後の今日の視点から見て、石田の政治的構想力に限界が感じられるとすれば、それは「戦後憲法体制の限界」ということになるであろう。

石田はまた昭和天皇を深く敬愛していた。彼は、かねてから「人間に等級をつけるのは好かない」と勲章制度に批判的で、たび重なる叙勲の内示を辞退していた。その石田が昭和六十二年に勲一等拝受を決意したのは、「今度のお勧めが、今の陛下から頂戴する最後の機会かもしれませんよ」という側近の一言であった。

昭和天皇への強い尊敬心と戦後的諸価値への愛着。これが政治家石田博英の思想の輪郭であった。それはまた、同時代の良識的保守層の多くが共有する健全な政治感覚であったといえよう。

彼の引退の時まで、ともに連続当選してきた昭和二十二年当選組は、ほかに鈴木善幸、田中角栄、中曽根康弘、倉石忠雄、園田直の五人が残っていた。最後まで残った六人の二十二年当選組のうち、半数は首相となり、他の二人も党三役や主要閣僚を歴任している。政界内外の多くの期待に反して、石田は、首相はおろか党三役も、外相蔵相といった主要閣僚も経験していない。ポストの面で見れば長い政治歴の割に不遇であったといえよう。

しかし、閲歴を誇ることだけが政治家の生涯ともいえまい。歴史が記憶にとどめるのは、その時代の政治、経済、社会の「構造」に働きかけ、その構造の変動に何がしかの影響を及ぼした政治家である。石田は、戦後政治史に特異な光彩を放つ石橋政権の立役者として、また三井三池争議の調停をはじめ安定した労使関係の構築に情熱を傾けた進歩的な政治家として、さらに「保守政党のビジョン」の執筆に象徴されるように保守党改革に献身した先見性ある政治家として、歴史の評価に耐えうる政治生涯をおくったといえよう。

石田と同郷の作家石川達三は、彼をモデルにした「立派な国会議員」という短編を残している。ついに宰相の印綬をおびることはなかったとはいえ、石田が政治家らしい政治家であり、「立派な国会議員」であったことを否定するものはいないであろう。

石田はまた文化人、芸能人にまで広がる人間関係と、園芸、絵画、料理そして美人コンテストに及ぶ多彩な趣味を持つことで知られた。中でもそのバラ作りは有名で、秋田県大館市の石田邸のバラ園は今でも毎年五月にバラ会が催され、大勢の市民や観光客が訪れる。彼は私的な生活においても、充実した芳醇な生涯をおくった自由人であった。彼の回想録はこう結ばれている。

「やがて、私のような政治家がいたことは人々の記憶から消え失せていくだろう。しかし、このバラ園が残り、訪れる人に心地よい香りを伝えていってくれるとすれば満足である」

石橋政権と石橋派
─石田博英の回想を中心として

『自由思想』平成七年二月号所収

『自由思想』平成六年四月号に「ある戦後政治家の軌跡」と題して石田博英の小伝を寄稿したところ、多くの方々から石橋政権についての石田の証言などがあれば紹介してほしいとのご依頼があった。私はかつて石田の政策秘書をしていたので、彼が引退後に『石橋政権七十一日』を出版した折、その執筆に協力した。そのとき彼から興味深い多くの回想を聞くことができた。この機会に石田の回想を中心に、石橋政権と石橋派について検証することは意味のあることと考え、ご依頼に応えることとした。石田は日記を書かなかったため、その記憶は断片的であり内容日時とも不完全なものである。そこで石田の回想を中心として、『湛山日記』その他の資料で跡づけながら、石橋政権と石橋派の軌跡を再現していきたいと思う。

緒方の死と総裁選の始り

『湛山日記』を見ても石橋自身は総裁選挙に終始受け身で対応しており、多数派工作に積極的に関与していたとは思えない。石橋擁立とその当選のために積極的に戦略戦術を展開したのは、やはり石田博英であった。このころの石田は反吉田の急先鋒として活動してきた割りには、党内に敵が少なかった。未だ四十歳の若さであった石田は「老人キラー」と呼ばれ、石橋、鳩山はもとより、不思議なことに吉田茂、緒方竹虎、大野伴睦、松村謙三、益谷秀治などの長老たちに政派をこえて可愛がられていた。しかし、河野一郎とは犬猿の仲であった。分党派自由党のころ、石田は自由党への復党論の急先鋒であり、復党の経緯をめぐって復党反対派の河野と感情的に対立するに至った。鳩山内閣成立後、三木武吉と河野によって石橋の蔵相就任が阻止されたばかりでなく、河野の強い反対によって「石田官房長官」案が潰されたことで、両者の対立は更に深刻なものとなっていた。

石田はいつごろから石橋擁立を考え始めたのか。「具体的には、緒方（竹虎）さんが死んでからだ」「石橋先生も『次は緒方さんでいい』といっていた」。

石田にしても石橋にしても緒方は早稲田の同窓であり、同じジャーナリスト出身の政治家として認めあっていた。鳩山政権の後は緒方政権樹立に協力して石橋を主要閣僚とし、政治的影響力と資金力を維持しつつ次のチャンスを待つというのが石田の思惑であった。ところがその緒方が三十一年一月二十八日に急死した。石田は「正直いって時節到来と思った」という。

このころ鳩山内閣の執権三木武吉と河野一郎は岸信介との関係を強め、彼らが鳩山の跡目にかつての盟友石橋を推す可能性は全くなくなっていた。しかも石橋派といわれる勢力は石田博英、島村一郎、辻政信、佐々木秀世、佐藤虎次郎（落選中）のわずか五名にすぎなかった。

三木と池田

石田がまず手をつけたのは旧改進党系の領袖三木武夫であった。三木は「三十一年の三月くらいには石橋支持を言明していた」という。もともと石田と三木は古くからの知り合いであった。石田が早大在学中、吉村正教授に誘われて三木の初出馬の選挙を手伝って以来の仲であったが、戦後政界ではずっと立場を異にしてきた。三木が石橋擁立に同意した背景は、旧改進党内に適当な候補者を見出し得なかったことがある。元改進党総裁の重光葵では到底自由党系の支持は得られず勝ち目はない。保守党内の進歩派を自負する三木にとって筋目正しい自由主義者である石橋は、自らの政治信条からしても格好の候補者であった。三木は松村謙三はじめ旧改進党の主だった勢力をあげて石橋陣営に参じた。

「正午三木武夫氏と会談、彼の意図合せて松村謙三氏の意図明白、彼等は後継総裁として一致して私を推さんとす」（『湛山日記』九月二十日）

石田はまた吉田派の池田勇人との関係を重視した。石田の回想によると三十一年の春ごろ、あるパーティー会場で池田の方から歩み寄り石田の手をかたく握ると、「チャンス到来だな、自重してやれよ」と言外に石橋支持を匂わせたのだという。「自重しろ」の意味は「かつての反乱軍事件（吉田内閣時に福永幹事長指名に石田ら鳩山派議員が反対した事件）以来、吉田派内には石橋・石田に反感を持つものがいる。派手に動いてかえって反発されないよう気をつけて石橋擁立工作をすすめよとのことだ」と石田は解説した。以後石田は石橋と池田の関係修復に乗り出す。仲介は松永安左エ門である。松永は石橋の盟友であり、また石田の後援会長であり、かつ池田とも親しいという財界の長老であった。湛山日記の三月七日の項には「築地三島にて池田勇人、松永安左エ門両氏と夕食。池田はなかなかの知恵者なり、少々思い上がりたるふしあるやに思えど用ゆべし」とある。日記には総裁選間近の十一月十七日と二十日に松永が同席しての池田との会談が記録されている。両者の関係回復と総裁選での協力の進展がうかがえる。

池田は、岸を推す河野を不倶戴天の敵と嫌い、石井光次郎にもさほどの好意は持っていなかったという。石田は、池田は表面上は石井支持だが「本心は石橋支持だと早くから信じていた」。そして石田はこの総裁選の過程を通じて三木、池田との信頼関係を強めていき、やがてもし石橋政権が生まれた暁には、この戦後派の二人の実力者と組んで政権を維持していこうという構想を強く抱くに至る。三人は、ともに新しい世代を代表する政治家であり、世代交代推進への共通の利害と関心があった。このとき石田四十二歳、三木四十九歳、池田五十七歳であった。のちに連合工作が具体化し三木、池田の接触が深まったころ、池田は石田にこう言ったという。

「自由党の本流はおれだ。改進党の本流は三木武夫だ。だから本当の保守合同はこの二人が手を握ることにあるんじゃないか」

大野の立場

大野伴睦派の去就は総裁選の帰趨を決める大きな焦点であった。一般に大野は「白さも白し富士の白雪」といって「白紙」を決め込み、ギリギリまで態度を明らかにしなかったといわれる。

しかし、石田の回想では「大野さんは初めから石橋支持だった。春ごろからしょっちゅう会って党内情勢を分析していたし、時々票読みもしていた」。大野が最後まで去就を明らかにしなかったのは「彼の作戦だろう」ということになる。石田の大野派工作は同派の倉石忠雄を通じて行われた。倉石と石田は昭和二十二年初当選組で、吉田内閣時代にはともに議運、国対畑を歩き、反乱軍事件の共謀者でもあった。両者の仲はきわめて親密であった。

後に「石橋は大野に副総裁を約束した」という説が流れた。石田はこれについて「絶対にない。おれも石橋先生もそんなこと言っていない。松村さんもいるし、そんな約束できっこないじゃないか」と強く否定した。三木も松村のしかるべき処遇を求めていたのかもしれない。

倉石の回想では、大野と石橋を「極秘裏に二度連れ出して会わせた」、その席で石橋は「石橋政権ができたら党のことは一切おまかせする」と述べ、大野はこれを「副総裁にするものととった」という（渡辺恒雄『派閥と多党化時代』）。石田もこの二回の秘密会談のことは良く覚えていた。それは自分と倉石とでセットしたものであり、場所は赤坂の料理屋「福亭」（これは倉石の妾宅であったという）で、石田は同席しなかった。これは湛山日記でも確認することができる。

「夜倉石氏別宅にて大野伴睦氏と会見、彼は私を鳩山後継総裁に推す決意にして、同志を糾合しつつある旨を言明す」（九月十六日）「招かれて倉石氏別宅にて大野氏と会談。彼

は私に同調すること明白、ただし地位等につき相当要求ある様子なれどよい加減にあしらう」（十一月十五日）

これは石田の証言とも合致する。まず大野は九月の段階で石橋支持の態度を固めていた。そして、石橋は「地位」について何の約束もしていなかったこともほぼ明らかである。石田に言わせると、そんな取引きをしなくても大野にとっては「石橋」しか選択肢はなかったのだという。大野と岸の実弟佐藤栄作は犬猿の仲であり、石井とも悪かった。また大野派の中堅若手には石田らの工作の手が伸び、その多くは石橋支持となっていたからである。

石田が大野との関係で最も苦慮したことは「大野と三木の不仲」であった。この二つの大派閥は結局石橋・石田のブリッジによってかろうじて連携が保たれていたのである。選挙後石田が三木との連携を重視する選択をしたことから、この両者の対立は表面化し、感情と利害の対立が結びつき、抜き差しならぬものとなって、石橋政権の基盤を揺さぶることとなる。

ともかく、石田が、わずか数名の側近グループしかもたぬ石橋の擁立に終始強気であったのは、三木、大野の支持と池田の間接的支持を早い段階（石田証言では三十一年春ごろ）で確信できたことにあった。

大久保、加藤、宮川

七月四日、三木武吉が死去した。三木は保守合同の立役者であり、各派のまとめ役として重きをなし、一部には「三木暫定総裁説」もあったほどである。三木がもし健在であったら鳩山後継に岸を推す動きはより巧妙かつ着実に進められたであろう。緒方に続く三木武吉の死によって、保守合同間もない自民党の秩序は更に混沌としてきた。八月初め、石橋派は公選対策の事務所を開設し、本格的な多数派工作に乗り出した。

この間石橋派自体も拡大していった。とくに夏ごろから、鳩山派内で河野一郎と反りのあわなかった大久保留次郎、加藤常太郎、世耕弘一、山本勝市、北昤吉、花村四郎ら十数名が石橋陣営に加わった。これで石橋派はようやく二十名程度の規模となって、派閥の体裁を整えることができた。以後大久保と加藤が石橋派の「代貸」として石田とともに名を連ねることになる。

大久保留次郎は、政友会系の内務官僚出身。警視庁特高課長、台湾総督府警務局長、千葉県知事、東京市助役を経て、鳩山の後押しで東京市長となった。戦後鳩山の自由党結成に参加、昭和二十一年の幻の鳩山内閣閣僚名簿では内務大臣に予定されていたが、鳩山とともに公職追放となり、二十七年の衆議院選で復帰した。鳩山内閣で国務大臣北海道開発庁長官。その経歴からたちまち石橋派を代表する立場を獲得し、三十一年夏以降の湛山日記では、石田とともに石橋と会談する記事が頻繁に見られる。当時六十九歳。

後述するように、石田は政治家としての大久保を全く評価していなかった。そのためか、石田から大久保が総裁選で果たした役割について具体的な言及はなかった。大久保の役回りは、おそらく石橋の代理役として、党内の長老たちと接触することであったと思われる。石田は当時はまだ閣僚未経験でやや貫禄不足であり、その様な役割においては大久保に一歩譲っていたのであろう。

加藤常太郎は、四国で海運業を営む実業家であり相当な資産家であった。戦後第一回の参議院議員選挙に当選し、一期勤めたあと二十七年から衆議院に転じた。鳩山自由党、自由党復帰、民主党結成と常に鳩山と行動をともにした。どちらかというと政略家タイプであり、政策通とはいえない。当時五十一歳。

石田によると「加藤君の役割は主に参議院対策だった」。加藤が大久保、石田とならんで石橋派三羽烏とまでいわれるまでの地位を占めるに至ったのは、その行動力もさることながら、その豊富な資金力にあったことは間違いない。彼は多数派工作の費用を自前で賄っていたという。その金額は千万単位であったと噂された。なかにはそれを数千万円とするものもある（例えば田々宮英太郎『新政界人物評伝』）が、にわかには信じがたい。いずれにせよ加藤が石橋のために自腹を割いて活動していたのは事実であり、したがって彼が石橋政権樹立に果たした功を高く自負し、その割りに得た成果があまりに少ないことに不満を感じたとしても無理からぬところであろう。

さて、議員ではないがこの総裁選で大きな役割を果たしたのは、東洋経済新報社会長の宮川三郎である。宮川は石橋の政界進出以来一貫して彼の政治資金を担当してきた側近中の側近である。「資金集めはほとんど宮川さんがやっていた。『集めるのはいつもあなたで、使うのはいつも僕だね』といって二人でよく笑い合ったもんだ」。石田の回想では、五百万円以上の大口の寄付をしたのは、松永安左エ門、堤康次郎、桜田武などであり、あとは経済倶楽部の会員などから掻き集めた小口のものがほとんどだった、という。宮川が調達し、石田が使った金は「七、八千万だろう」。また石田の推測では岸派は一億五千万から二億円、石井派は石橋派よりかなり少なかったろう、とのことであった。この他に加藤や三木が自弁した活動資金を計算に入れれば、石橋派の資金（その多くは買収費）は、岸派には及ばぬものの、石井派を凌いで二位になるには十分な程度の額であったと見て間違いない。石田はよく「石橋は見識だけで総理総裁となった」と誇ったものである。しかし、宮川らが苦心して集めたこの多額の運動資金がなかったとすれば、石橋は果たして候補者として名乗りをあげることができたであろうか。この総裁選における宮川の功績はきわめて大であったといわなければならない。

参議院と地方代議員

保守合同の際にできた自民党総裁公選規程では、参議院議員と地方代議員（各県二人）にも投票権を与えることとなっていた。また一回目の投票で過半数を占めるものがないときは、上位二者による決戦投票を行うこととされた。この総裁公選規程の起草委員長は石田であり、地方代議員制度と決戦投票の仕組みは彼の発案になるものであった。石橋政権成立後、この参議院議員票と地方代議員票および決選投票が石橋当選の主要因になったことから、石田がいざというときのことを予測して起草したのではないかという説が出た。しかし石田は「おれにはそんな悪知恵はないよ」と否定した。ただ彼が誰よりも、参議院票、地方代議員票の重要性と決戦投票のシステムをよく知っていたことは事実であろう。

当時参議院の自民党は派閥の系列化はあまり進んでおらず、石橋派にとっては展開の余地が大きかった。参議院自民党一二〇余人のうち旧自由党系は九〇余、旧民主党系は二〇余というところで、圧倒的に旧自由党系の影響力が強かった。

このうち旧民主党系は鶴見祐輔が早くから石橋支持で動いていた。湛山日記の五月五日の欄には「鶴見祐輔氏来談、本日同志と相談の結果、鳩山の跡目として私を推せん、このことを鳩山氏に進言し来りたりと報ず」と、早くも鶴見の活動を示す記録が見られる。このほか元参議院民主党議員会長苫米地義三、同じく元幹事長武藤常介ら幹部をはじめ多くが石橋支持にまわった。

したがって参議院対策の焦点は、旧自由党系の切り崩しであり、悪くても決戦投票での石橋支持を確かにすることであった。参議院の多数派工作は加藤常太郎以外では「大野木秀次郎さんが活躍してくれた」という。大野木と石橋あるいは石田との詳しい繋がりは聞き漏らしたが、参議院自由党議員会長をつとめた長老として、それなりの影響力を持っていたのであろう。

さらに石田は、当時落選中であった旧知の木村武雄が松野鶴平参議院議長の秘書をしていたことに目をつけ、石橋との仲介を依頼した。松野は吉田茂の政治指南番を以て任じ、参議院に隠然たる勢力をもつ旧自由党系の実力者であった。石橋と松野の仲は、石橋が、「木村に勧められて松野の病気見舞いに行ってから親しくなった」。湛山日記で見ると、これは七月十六日のようであり石田も同行している。確かにこれ以降松野と石橋の間に直接の接触が始まったようであり、日記にもしばしば松野との会談が記録されるようになる。また、当時木村武雄は石橋派の選対事務所にしきりに出入りし「準石橋派の観があった」という。木村は三十一年の湛山日記に最も多く名前の見られる政治家の一人であり、石橋が松野や参議院自民党幹事長の平井太郎と会うときは、多くの場合木村が仲介し、同席している。木村が参議院幹部と石橋の連絡窓口であったと推測できる。

こうして加藤、大野木を通じた個別の説得工作と、表面は石井支持であった松野ら旧自由党幹部への浸透作戦が巧妙に進められた。やがてこの戦略は成功し、「（松野の）石橋支持たること明白」（日記十二月二日）と石橋自らが自信を持って記すところとなる。

後に「参議院から三閣僚をとることを約束した」と言われたことについて、石田は「大野木氏などから参議院の閣僚枠の拡大を求められてはいたが、自分は三人などという具体的数字は約束していない。ただ加藤氏らがどのような説得方法を用いたかについては責任は持てない」と答えた。

さて、石橋派の地方代議員対策は相当の効果をあげたが故に、のちに激しい批判を呼ぶことになった。岸派の参謀南条徳男は「七票差で負けたのは石田博英が地方代議員を金で買収するきたない手を使ったからだ。石田は地方代議員を途中まで迎えに行って、第一ホテルにカン詰めにした。われわれは石田を甘く見ていた」（北国新聞社『戦後政治への証言』）と批判する。石田によると、地方議員対策は「佐藤虎次郎さんが中心になって皆が手分けしてやった」。確かに上京する代議員を上野駅などで出迎え、旅館にカン詰めにして接待攻勢をかけるなどは事実であったらしい。しかし「石橋派だけじゃない。岸派もやっていた」。それが接待であったのか買収であったのか、その実態は今となってはわからない。

二・三位連合

石田らの擁立工作に終始受け身であった石橋が、総裁選への意欲を示すようになったのは、三十一年八月の中旬「電源開発公社総裁人事を巡る政争で岸、河野に敗れたときからではないか」。電源開発総裁は政治資金がらみのポストであり、石橋と岸、河野の対立が尖鋭化した。石橋は松永安左エ門を推したが、結局鳩山の裁定で岸らの推す内海直温に決まった。石橋は激昂し一時は辞表を叩き付けかねない勢いだったという。石田は「大事の前の小事」と宥めた。この日の湛山日記には「石田博英等同志その他こぞりてこの際はガマンすべしと強調す」（八月十七日）とある。このとき石橋は石田に言ったという。「ヒラの大臣では駄目だね」と。ここに至って恬淡と構えていた石橋も、ついに岸、河野らと一戦交える覚悟を固めたわけである。

吉沢正也氏（八十二歳）は、当時読売新聞記者としてこの総裁選を経験した人物である。そしてその多数派工作の実態に深く係わった人々のなかで唯一の生存者である。彼の役回りは、とくに岸陣営の佐藤栄作に取り入って岸派の多数派工作の実情を探ることにあった。石田は、あるとき彼に石田が作成した石橋派の支持議員リストを渡し「これを佐藤栄作に見せて反応を探るように」と指示した。彼が新聞社の見方としてこれを示すと、佐藤は「これは石橋派に甘すぎる」「この議員はこっちだ。これも、これも…」と逐一指摘したのだという。要するに二股膏薬の議員が多くいたということであろう。吉沢氏は石橋政権成立後は記者を辞め、論功により松浦周太郎労相の政務秘書官となり、その後は石田の私設秘書を勤めた。吉沢氏はこの総裁選を描いた三好徹の短編小説『賭る男』のモデルである。

さて石橋、石井の二・三位連合の話はいつごろ決まったのか。石田によると「連合の話は前から出ていたが、総裁選前日十二月十三日の夜、紀尾井町の福田屋で三木、池田の話し合いで最終的に決まった」という。はじめは「候補者の一本化をはかる」ため石橋陣営の大野、三木、苫米地、鶴見ら、石井陣営の池田、保利茂、益谷秀治、林譲治らの両派幹部の話し合いとして始まった。両派の話し合いはこの日断続的につづき、最終的には三木と池田による福田屋での会談となった。この席で池田は石井への一本化を強く主張して譲らず、話し合いは難航して夜半に及んだ。これは土壇場まで石井票を散らさずに持っていき、二・三位連合に繋げるための作戦であったのだという。結局翌十二月十四日の朝東京会館で石井、石橋両派の「合同懇親会」が開かれ、席上三木、池田の合意通り二・三位連合の盟約が正式に確認されたのである。この懇親会に出席した議員、代議員は二六〇名余であったという。

石井の回顧録『回想八十八年』によると、石橋正二郎邸のパーティーの席で石橋と話し合い、二・三位連合を約し、合わせて「勝ったものが総理になり負けたものが副総理になる」ことに決めたのだという。これを湛山日記でみると十一月二十三日に「石橋正二郎氏鳩林荘園遊会に赴く」としか記されてない。二・三位連合についても、総理・副総理の約束についても記述はない。時節がら総裁選の話は出たであろうが、おそらく石橋は雑談程度にしか受け止めていなかったのかもしれない。実際の経緯は、やはり石田の回想のようなものだったのであろう。

昭和三十一年十二月十四日、鳩山継承を決める第三回自民党大会が東京大手町の産経ホールで開催された。一回目の投票結果は、岸二二三票、石橋一五一票、石井一三七票であった。石田の予想したより「二〇票近く少なかった」。岸票も予想以上だったが、石井票が思いのほか多かった」。直ちに決戦投票が行われ、石橋二五八票、岸二五一票、わずか七票差の逆転勝利であった。

組閣をめぐって

石橋政権についての石田の人事構想は一貫していた。三木、池田とともに三人でこの政権を担っていくことにあった。石田にとって池田と三木はともに戦後派の保守党リーダーであり、政治手腕、政策能力においても信頼にたる人物であり、自分に最も近い政治感覚の持ち主と感じられたのである。その一方で、自派の大久保、加藤らにはそれ程の信頼をおいていいなかった。

石橋体制の党役員、閣僚人事は非常に難航し、とくに三木の幹事長と池田の蔵相に反対が集中した。それだけこの二つの人事が石橋政権の性格と行方を決する重要性を持っていたということである。しかし石橋は反対を押し切り、ともかくもこの二人を政権の中軸に据えることに成功したのである。岸は外相として入閣したが、石井は派内事情で入閣しなかった。大野は副総裁になれなかったことに不満を抱き、これ以後石橋批判派に転じた。

総裁選翌日の十二月十五日夕刻、石橋は静養のため熱海にでかけた。これには石田、大久保、加藤の石橋派三幹部、それに宮川三郎も同行している。ここで石橋派としての人事構想を固めるためであったという。この会談についての加藤の証言によると、話し合いはなかなかまとまらず「(十六日の)朝から始めて官房長官に石田君をするまでに夕方までかかった」(『月刊自由民主党』四十五年二月号)。話し合いの中で、大久保の幹事長説、加藤の官房長官説、両者の入閣説なども出たらしい。二人とも当然しかるべき処遇を期待していた。熱海会談の詳細は分からないが、石田によるとこのとき「石田官房長官、三木幹事長、池田蔵相という石橋体制の骨格が決まった」という。紆余曲折はあったにしろ、石田は議論をこの方向にリードしたものと思われる。

石橋派では大久保だけが入閣(当時は官房長官は国務大臣ではなかった)し、国務大臣国家公安委員長・行政管理庁長官となった。加藤は、彼の回想(前掲)によると「石橋が官房長官を勧めたのを石田に譲り、かわりに幹事長を望んだ」という。その真偽のほどは分からないが、結局のところ、幹事長はおろか最後に望んだ副幹事長にもなれず総務副会長にとどまった。結果として、大久保と加藤は石橋政権の中枢から外されることとなったのである。

石田に「三木のほかには誰が幹事長として適任と思ったか」と問うと「それは池田さんだな」。「一時、大久保も有力候補として名前が出ましたが…」と水を向けると、「だれも本気で考えていなかった。当て馬だ」。確かに石橋も、後に回想の中で「幹事長は初めから三木を考えていた」（『湛山座談』）と語っている。

石田は、自分は「大久保という人を全然かっていなかった」という。鳩山直系組を率いて石橋陣営に参じた大久保は、その年齢、閲歴からいつの間にか石橋派の「代貸」「ナンバー・ツー」と目されるようになっていた。しかし石田は「政治手腕でも一党を任せられる人じゃないし、思想も古色蒼然たるもの」で、到底石橋の衣鉢を継げる人物ではないとみなしていた。また加藤については、人柄はともかく政策的能力についてはかなり疑問視していたようである。そもそも石橋派は、「来る者拒まず、去る者追わず」という恬淡とした性格の石橋を好んで集まった集団であり、必ずしも石橋の積極財政論や急進的自由主義思想に共鳴した人々が集まったものではなかった。中には辻政信のような右翼的人物もいた。

大久保がどのような思想の持ち主かは、彼の著作などがないのでよく分からないが、阿部真之助の次のような大久保評を、おそらく石田も共有していたのであろう。

「…大久保に新しい時代感覚に適合した政治家としての活動を期待することは、カメに空中を飛べというようなものだ。なんとなく逆コース的な感じが『大久保留次郎』という名から連想される。…大正十年警視庁特高課長時代に、高津正道一派の第一次共産党事件を手がけたのを始め、ハルピン駐在内務事務官として現地で活動、さらに新潟・福岡両警察部長、警視庁刑事部長を経て同官房主事の時代に三・一五大検挙を実質的に指揮したものだ。大久保における『反共』はむしろ政治的体臭とさえいえる」（『現代日本人物論』）。

このような経歴の人物に対する違和感は、戦前学生消費組合活動でたびたび検挙・留置を経験した石田、弾圧の中で翼賛選挙を非推薦で戦った三木らにとって、無理からぬ感情であろう。石田にとっては大久保は岸以上に旧時代的な人物であり、新政権の柱に据えるなど思いもよらぬところであった。それ故幹事長人事に際してばかりでなく、石橋が病気で倒れたときの首相代理の人選、さらに後継首相の人選においても、石田、三木の選択肢から大久保の名はほとんど除かれていたのである。石田は、石橋の衣鉢を継ぐ者があるとすれば、池田かあるいは三木か、しからずんば石田自身をおいて他にないと自負していたのであろう。

石橋退陣

総裁選、組閣と続いた混乱した党内秩序を建て直し、政権の指導性を確立するためには早期解散しかないとの認識で石田、三木、池田の三人は一致していた。「石橋首相はどちらかというと予算成立後、池田蔵相はむしろ再開国会冒頭（一月末）がよいと考えていた」。石橋は三十二年度予算編成にあたって「一千億円減税、一千億円施策」の積極財源を実現しようとしていた。その政府予算案決定に際して問題になったのが「消費者米価の引上げ」であった。閣僚間で合意していた値上げ案が、党内の強い反対にぶつかったのである。石橋は食管会計の赤字補填にとどまらず「食管制度の廃止を考えていた」ので、池田蔵相とともに値上げの実現を強く主張して譲らなかった。この頃石橋はしきりに「ご機嫌とり政治はしない」と演説したが、それは具体的にはこの問題への対応を指していたのである。しかし総選挙を控えて不人気な値上げ案に対する反対は日を追って強くなり、ついに値上げは見送られることとなった。このとき石田は値上げ案取下げを説得するため「池田蔵相に冒頭解散を約束した」。石田も三木も池田も「何ごとも選挙をやって石橋体制を強化してからだ、と身にしみて感じた」。このとき石橋が健康で解散総選挙を断行できていれば、石橋政権は安定し長期政権になっていたかもしれない。しかし米価問題が決着した同じ一月二十五日、石橋は病に倒れたのである。

はじめはそれほど病状が重いとは思われず、二、三週間の静養で復帰できるものと考えられていた。一月三十日からは通常国会が始まった。石田は三木、池田と相談し、首相臨時代理をおいて当面の予算審議を乗り切ることとした。外部には最年長の「大久保」という案もなくはなかったが、三者は「大久保ではとても外交、財政について答弁できない」という意見で一致、党内事情と国会対策を考えると、やはり「岸」であった。しかし、二月半ばになっても石橋の症状は一向に良くならない。また細切れの病状発表は党内外の批判を招き、社会党内からは総辞職を求める声も出はじめた。同じ早稲田出身で石橋や石田に好意をもっていた社会党の浅沼書記長は「二月二十一日に一度登院して社会党の質問に答え、各閣僚の答弁には責任を持つと言ってくれれば、あとまた静養してもらってよい」と石田に伝えてきた。しかし脳梗塞からくる石橋の言語障害は相当に激しく、とても人前に出られる状況ではなかった。

ついに昭和三十二年二月二十三日、石橋内閣は総辞職した。前日の医師団による精密検査の結果が「二ヶ月の静養を要す」と出たためであり、石田によると、これは事前に石橋、三木、石田の間で「診断が一ヶ月以内の静養なら頑張る。それ以上なら総辞職」という方針を決めていたからである。またこのことについては「池田だけに事前の了承をとる」こととした。さらに診断結果を受け、いわゆる「石橋書簡」が発表されたが、これは三木が執筆し石田が手を入れたものであったという。

以上の経緯は石橋の発言とも符号するのでまず間違いないところであろう。石橋は三十二年七月二十六日の朝日新聞のインタビューでこう語っている。

「最後のハラを決めたのは診断日の二日前の二十日だったかな…」。また石田、三木、池田と岸、佐藤との間にあらかじめ政権授受の話し合いが行われ、石橋にツメ腹をきらせたという「陰謀説が一部にあるが」と聞かれて、「絶対に、陰謀ということはない」「あのときは、ああするより他に仕方なかった」と断言している。総辞職が石橋の自発的意思によるものだったことは明らかである。

二月二十五日、岸は両院で首班に指名された。「党内融和と派閥解消」を願う石橋書簡を尊重し、岸が首相になって一つ空いた閣僚ポストを石井にわたして副総理にし、それ以外は党役員、全閣僚が留任で挙党体制をつくった。石田は岸が後継首相になったことについて、「一番考えたのは、今もう一度総裁選をやれば誰がなるか」ということであり、石井が閣内にいない以上「やむをえない選択だった」という。実際、当時の報道を見ても、党内各派の代表は石井や大野も含めて「一致して岸を後継首班に推している」（例えば『朝日新聞』二月二十三日夕刊）とあり、党の大勢は岸後継に異論なく固まっていたようである。石田は「予算国会の最中であり、人事をいじっているゆとりはなかった」「自分が派閥次元の行動をしていたら、とてもきれいな退陣はできなかったろう」。つまり派閥抗争の凍結のためには、官房長官としての自分の進退を含めて人事の現状凍結しかなかったのだという。

それを石田の現実政治家としての生残り戦略だったと言う人もいる。しかし石田にとって、石橋政治の継承とは、石橋政権の実態である三木、池田、石田の影響力をどうやって次期政権に残すか、であったのだろう。

石橋派の消滅

石橋派では大久保留次郎はじめ皆が、石橋の病状も、退陣に至る経緯も一切知らされていなかった。総辞職の翌日石橋派の会合に三木幹事長とともに事情説明に赴いた石田は、同僚議員から「裏切り者呼ばわり」の激しい非難に晒された。当初は「かってに辞めさせるとは何ごとか…」という批判であったという。岸へではなく「大久保に渡すべきだった」という論は、後に石橋派の内訌が激化し、また警職法などで岸内閣の評判が悪くなってから、大久保系の議員（加藤、宇都宮など）から唱えられ出したようである。

岸は通常国会終了後の三十二年七月、内閣改造に踏切り、自前の体制作りを目指した。石田と加藤常太郎の対立が表面化するのはこの時からである。この改造で石田は労相となった。彼にとっては初入閣であり、彼の若さと自信がそれを当然のこととして受けとめさせた。すでに官房長官として公労協ストの調停に当たり、仲裁裁定の完全実施の原則を確立するなど、石田の労働運動にたいする感覚と政治手腕は広く知られるようになり、彼の労相就任は一般には期待と好感をもって迎えられた、しかし、石橋派では加藤が入閣を強く望んでいた。石橋政権の成立に、多くの労力と資力をつぎ込んだ彼にしてみれば、「先の組閣では大久保と石田に譲った、今度は自分が処遇される番」と信じていたのであろう。加藤は大久保に強く働きかけて、自己の入閣を図ったが、石田の労相就任によって果たせなかった。加藤の失望は大きく、石田への反感はつのった。これ以後加藤は大久保をかついで石田排斥の動きに出た。軋轢を回避するため石田は石橋邸への出入りを控え、加藤らの出る石橋派の会合（火曜会）からも遠ざかった。世上石橋派は大久保系と石田系に分かれたといわれるが、実態は石田が「石橋派を離れた」ということである。そして佐々木秀世、島村一郎、長谷川四郎、草野一郎平、福永一臣ら石田事務所によく集まる議員を石田系、大久保、加藤、世耕弘一、辻政信、山本勝市、宇都宮徳馬（この頃大野派から移籍）ら石橋邸によく出入りする議員が大久保系と呼ばれるようになった。この頃石橋派には、他派との重複組も含めて十七名ほどの議員が名を連ねていたが、ほとんどの議員は加藤、石田の対立を困惑して見まもっていた、というのが実情であったようである。

石田と加藤の対立は三十三年夏の総選挙とその後の第二次岸内閣の組閣の折に頂点に達した。石田は労相としての実績から留任を期待し、加藤は「今度こそ入閣」と大久保はもとより石橋にも強く働きかけた。このときは石橋も岸に加藤入閣を求めて動いたといわれる。しかし、両者とも入閣を果たすことはできなかった。これは岸、佐藤が政権の重心を、石田、三木、池田との協調から、はっきりと河野、大野へ移したことによる。内訌で戦力が弱まった石橋派は「足元を見られた」のである。以後石橋派としての入閣はなく、所属議員も急減して、派閥としての実態を失っていった。

再び吉沢正也氏の回想による。石橋退陣後の石田は、石田排斥の動きに嫌気がさし、もともとの淡白な性格もあって、石橋派そのものを掌握しようという熱意を失っていた。そして石橋派の外に仲間を求めようとして行動した。官房長官から岸、池田内閣でたびたび労相をつとめた時期は、財界からの期待も大きく、石田が最も集金力に富む時期であったと思われる。石田はそれを「石橋派内に配り自分の地位を固めるために使わずに、他派の若手や新人に散布した」。これには石田側近を自認していた「佐々木秀世らも、『おれたちより他派の連中に多く配っている』と不満を言っていた」。吉沢氏は「石田は派閥を軽視していた。だから石橋派は解体した。狭くても厚く配り、たとえ十数人でも石橋派というものをしっかり把握しておけば、その後の石田の運命も違っていた」のだと力説する。

昭和三十五年の総選挙で大久保が落選、三十八年の総選挙では石橋自らも落選し、石橋派は名実ともに消滅した。

池田内閣時代から石田は無派閥を通し「一匹狼」と渾名されたが、事実上は池田派別働隊であったといってよい。かつて石橋派石田系と目された島村一郎、佐々木秀世、草野一郎平なども池田派に所属した。石田の才幹を知る池田は彼を重用し、労相、全国組織委員長など無派閥の石田に栄職を与え続けた。一方、加藤常太郎は佐藤派に身をよせ、入閣の道を求めることとなった。

歳月は流れ、池田は死に佐藤もまた退陣のときを迎えようとしていた昭和四十六年秋、石田は側近の池崎宇三郎、山口敏夫、宇都宮徳馬らを引き連れ三木派に合流した。四十七年五月加藤常太郎もまた佐藤派を脱し、三木派に移った。石田と加藤は十五年の星霜を経て再び席を同じくすることとなったのである。ポスト佐藤は田中角栄に決まり、加藤は第二次田中内閣に労相として入閣を果たした。参議院当選一回、衆議院当選九回、加藤は六十九歳にしてようやく閣僚の椅子に座った。このとき、これは石田が自分に用意されたポストを加藤に譲ったのだ、という噂が流れた。晩年の石田にこのことを質すと、「そんな話は聞いたことないよ」と軽く否定し、後はただ大声で笑うばかりであった。

第六章　理念と現実の狭間で

第一次吉田内閣。前列左二人目から石橋湛山蔵相、幣原喜重郎国務相、吉田茂首相。
写真提供：毎日新聞社

他策ナカリシヲ信ゼント欲ス

平成十三年十月二十九日

萩原延寿氏が逝去された。在野の政治史研究家として知られ、実証に裏付けられた明晰な分析と叙述は実に魅力的だった。彼の著作はみな「史実を並べるだけではなく文学書としても味わいのある歴史書」（京極純一氏の評）だが、中でも私は「陸奥宗光」（筑摩書房『権力の思想』所収）という短い作品が忘れられない。陸奥を描いたものでこれを超える作品を知らない。優れた歴史叙述であるとともに、文学的感動をも呼び起こす傑作であろう。

萩原氏はこのなかで、陸奥の生涯を離れることのなかった二つの主題は、藩閥勢力という実在する「権力」と自由民権という普遍的な「理念」であり、陸奥は「いわば権力と理念との間に引き裂かれた『分裂した魂』の所有者」だった。そして「この対立する二つのものの間の緊張をたえず胸中に蔵していたところに、陸奥のリアリズムの基礎があった」として描き出す。

萩原氏のこの評伝は、駐米公使の陸奥宗光を自由民権運動の指導者馬場辰猪が訪問した劇的な情景から始まる。

陸奥は明治十年の西南戦争時のクーデタ未遂事件に連座し、五年近い歳月を獄中におくり、その後三年の欧州遊学をへて帰国した。陸奥は心中に自由民権の理念を蔵しながらも、伊藤博文ら長州閥の慫慂により藩閥政府側に身を置くことを決意し、駐米公使として赴任していたのである。

一方、馬場は自由民権運動の輝かしい理論的実践的指導者であったが、藩閥政府の度重なる弾圧の故に亡命を余儀なくされ、米国において反藩閥の言論活動を展開していた。明治二十一年七月、馬場は陸奥をその避暑先アトランティク・シティに訪ねた。

「その時、一人は、アメリカ駐剳日本公使の顕職にあり、一人は、病苦と貧苦が風貌にまでせり出していた亡命知識人であった」

二人はともに、それまでの蹉跌の生涯の中で藩閥権力の実力についても、また自由民権運動の限界についても知悉していた。しかし同時に「『運動』の現状は脆弱なものであっても、『自由民権』の『理念』の将来については、陸奥も馬場も、一致して疑うことがなかった」。

萩原氏は言う。二人の出会いは精神史上の「事件」であり、そこで向かい合っていたのは、「転向」と「亡命」という二つの「生き方」だったのだ、と。馬場は寡黙であり、陸奥は雄弁だった。「しかしもっとも痛烈な批判の形式は『存在』による批判である。馬場は、ただ陸奥と向き合っているだけで、すでに一つの批判であった」。

「去っていく馬場のうしろ姿に、陸奥は『自由民権』の理念を見なかったであろうか。そして、それと同時に、かれは『知識人』であり、自分は『政治家』であるという理由によっても、ついに埋めることができない『亡命』と『転向』との間の断絶の意識を、陸奥はこの時、痛切に自覚させられなかったであろうか」

私がこれを読んだのは二十歳前後の頃だった。若かったせいだろうが、胸中激しくさざ波立ったのを昨日のことのように思い出す。文学的に過ぎるとの批判はあろう。しかし私はその後幾多の陸奥論を読んだが、萩原氏が描いた陸奥宗光像以外は想像できなくなってしまったことだけは確かである。

萩原氏は政治におけるリアリズムをこう定義する。それは「政治における『権力』の役割にだけ着目する立場ではない。『権力』とならんで政治を動かしている『理念』についても、たえず正当な評価をあたえる態度を指すのである。つまり『権力』と『理念』という政治における二つの契機の双方に対して、つねに過不足のない認識と理解を示すものだけが、政治の世界において真にリアリストの名に値するのである」と。

そして権力と理念という対立する二つの契機の間には、それを媒介する「条件」つまり政治における「技術」的契機というものがある。「政治ナルモノハ術（アート）ナリ、学（サイエンス）ニアラズ」。自らこう語った如く、「条件」への周到な配慮を怠らぬ後半生の陸奥は、まさに真のリアリストに値する政治指導者の相貌を呈している。

しかし陸奥が山縣内閣農商務大臣として政界に復帰し、伊藤内閣外相として条約改正交渉を成功させ、日清戦争前後の外交指導に心血を注ぎ、下関講和条約締結を機に引退するまで、僅かに数年のことにすぎなかった。

そのとき陸奥は篤く病んでいた。死に至る二年ほどの間、悪化する肺患と闘いながら、彼は著述に専念する。そしてその著作には、萩原氏が指摘するように、自由民権の理念への断ちがたい思いが込められていた。

陸奥の短い生涯は、彼がその政治的リアリズムを駆使して、権力と理念の間に引き裂かれた自らの魂を「統一」させるという、ドラマの完成を許さなかった。その統一とは、藩閥統治に代わる政党政治の確立、しかも彼自身が主導する政党内閣の実現によってこそ、もたらされるはずであった。実際、陸奥にもう幾許かの余命があれば、自由党を率いて最初の政党内閣を出現せしめた可能性は相当大きかったのである。しかし結局、この課題は彼の愛弟子だった原敬に委ねられることとなった。

「他策ナカリシヲ信ゼント欲ス」。これは、陸奥が日清戦争時の外交を回顧した『蹇蹇録』

のなかで、自らの外交政策への批判者たちに応えた言葉だ。

「しかし陸奥は『死』という『条件』が迫ってくるのを感じながら、まず自らの生涯にたいして、このことばをあたえたかったのかも知れない」

『吉田茂——尊皇の政治家』

平成十七年十一月五日

原彬久『吉田茂——尊皇の政治家』（岩波新書）を読んだ。同氏は十年前に同じ岩波新書で『岸信介——権勢の政治家』を書いており、いずれもバランスの取れた内容で、戦後政治史の入門書としても手ごろな好著だ。

吉田茂に関する著述は猪木政道の大著『評伝吉田茂』（全三巻）をはじめ数多く存在するが、吉田茂再評価を決定付けたという歴史的意義の大きさと、その簡明にして流麗な叙述によって、高坂正堯『宰相吉田茂』は忘れがたい名著である。

吉田茂は昭和四十二年十月に死去した。吉田の愛弟子といわれた佐藤栄作内閣の全盛期であり、戦後初めての国葬を以って送られた。当時私は中学二年生だった。政治的に早熟だった私は、連日報道される吉田茂の人と業績に興味をそそられ、新聞の記事も熱心に読んだものだった。翌年の春、『宰相吉田茂』が単行本として刊行されるや、いち早く購入してむさぼり読んだ。それこそ私が読んだ初めての戦後政治史に関する著作だった。

吉田茂が、伊藤博文、原敬と並ぶ大宰相だったというのはもはや動かしがたい定説となった感がある。しかしある時期までは毀誉褒貶半ばする、いや悪評の方が勝っていた。その吉田評価を一変させたといっても良いのが、昭和三十八年十二月の『中央公論』誌上に発表された高坂の吉田茂論だった。高坂は当時まだ二十代だったはずだ。その後彼は佐藤栄作の知遇を得て、沖縄返還問題をはじめとする佐藤内閣の政策形成に参画した。

今回の原の著作は、限られた紙数の中で全体として行き届いた記述で好感が持てるのだが、一つだけ気になったのは、吉田が昭和天皇の退位に反対したことを否定的に捉えているところだ。

「もし天皇が被占領期はともかくとして、独立を機に退位していたなら、戦後日本の絵姿は大きく変わっていたであろう。天皇退位は日本が国内外に向けて少なくとも国家の道義的負債を清算していく最大かつ決定的な機会になったであろうし、ひいては独立回復後の国民にその再出発のための新たな道義的基盤を用意したであろう。」

私はこの考え方には賛同しない。もし昭和天皇が退位していたとしたら、あるいは原のいうように、その後の日本が得るものがあったかもしれない。しかし失うものもまた大きかったであろう。その失われたかもしれないものこそ、吉田茂が命がけで守ったものだったといっても良い。そこには日本の近代の評価が、民族の矜持が、かかっていたのだ。

政治に携わる人間は「時流」に敏感だ。それは悪いこととは言い切れないが、しかしその時流に流される危険性を常に警戒しなければならない。その時流に対して慎重な、あるいは警戒的な態度をこそ真の保守主義というのだと、私は考えている。

大正期以来の日本は、国際環境の変化と慢性的な不況、そして政治の大衆化のなかで、混沌とした社会状況にあった。そこに様々な思潮が登場しては退場していった。昭和期に入るやマルクス主義や国家社会主義が、日本の苦境を一挙に解決する画期的な改革案としてたちまち多くの人を魅了した。外来の改革思潮に弱いのは日本人の宿痾とも言うべきもので、昭和期の多くの知識人がマルクス主義に憧れ、優秀な軍部官僚や経済官僚が国家社会主義のとりこになった。

そんな中で吉田茂は時流というものに全く動かされない稀有な存在だった。高坂は昭和戦前期の代表的政治家であった近衛文麿と吉田を比較してこう言っている。

「彼の生き方は近衛文麿と対照的である。近衛は戦後の状況に対応することを考えた。天皇制について、天皇は退位して高松宮を摂政とし、国民投票をやって天皇制を確立するのがよいと考えた。そして、吉田茂について近衛は『吉田君の意識は大日本帝国時代の意識だ。これが戦争に負けた日本のこれから先にうまく行くだろうか』と危惧していた。しかし、戦争前の重要な時期に首相として事態に適応しようとした近衛が失敗したのにたいして、戦後の重要な時期に自己流を通した吉田茂は大きな業績を残した」

そして高坂は言う。吉田茂を偉大な存在たらしめた「その理由は簡単である。彼は戦前、戦後を通じて変わらなかった」からだと。

「国体護持」は近衛にとっても吉田にとっても最大の関心事であった。ただ近衛はそれを単純に制度としての天皇と捉え、吉田はそれを生身の昭和天皇が体現するものとして捉えていた。制度としての天皇制を守るために、開戦の責任と敗戦の汚辱を昭和天皇の一身に負わせるという選択を良しするかどうか、この政治的感受性の相違はきわめて大きい。吉田も国民の多くも近衛のようには考えなかった。

昭和政治史を学べば、昭和天皇がいかに優れた政治感覚の持ち主であったかは歴然としている。昭和天皇もまた巍然として時流に流されない判断力の持ち主であったのだ。三国同盟締結の裁可を求める近衛に天皇はこう問うた。

「独伊と同盟を結べば、英米との戦争にいたる可能性がある。そして英米と戦うということになれば、あるいは敗戦となり、社稷を失う事態も覚悟しなければならない。そのような事態が訪れたとき、総理は自分と労苦を共にしてくれるだろうか」

ナチスドイツの赫々たる戦果のまえに近衛だけでなく、軍部もマスコミも国民も幻惑されていた時期のことである。そして敗戦後天皇と労苦を共にしたのは、近衛ではなく、三国同盟締結に徹底して反対した吉田だった。

　吉田にとって天皇制を守るということは、昭和天皇その人を守るということに他ならなかったのである。この英明な天皇が敗戦故に負わなければならなかった汚名と重荷をともに負い、この天皇のもとで再び国家としての栄光を回復しようという覚悟と決意こそ、吉田とその後継者たちの精神の骨格であり、戦後日本を日本たらしめた「保守」の精神なのだ。

　原のこの本には「尊皇の政治家」という副題がつけられている。著者がそれを肯定的な意味で付したのか否かは別として、まことにふさわしい追称であり、吉田茂にとってこれほどの賛辞はないであろう。

三木武吉——「非推薦」の気概

平成二十年七月十日

「私は三木武吉みたいな政治家になりたいんです」。石関貴史代議士からこう言われて少し驚いた。若くて一見派手好みの彼が、地味で玄人好みの政治家である三木武吉の名を知っていたのも意外だったし、現代の三木武吉たらんと志していることも意外だった。

三木武吉は、戦後政治史の中では、吉田政権に対抗して鳩山政権を打ち立て、また保守合同を成し遂げたことで名高い。その過程が小気味よいほどの権謀術数に満ちていることや、彼自身が「誠心誠意嘘をつく」と言ったという逸話もあって、三木武吉イコール「術策の政治家」というイメージが強い。三木武吉が好きだと言う人のなかには、「政界の大狸」

「政界の寝業師」という三木のイメージに惹かれている人も多い。しかしそういう人は『小説吉田学校』しか読んだことがない半可通だ。

私は、三木武吉は、術策の人ではなく、「理念の人」だと思っている。

かつて保守政党では指導的政治家のことを「領袖」といった。領袖と呼ばれたような政治家の経歴をみると、一つ二つ「エッ」と思わせるような突飛なところがあるものだ。政治には利害と理念の二つの行動原理がある。そして政治家とは飽くなき権力の追求を常とする動物であり、表向きは信念とか理念とかを仰々しく語っていても、利害への感覚が政治行動のほとんどを支配しているものだ。平時ならそれで充分世の中を渡っていける。しかし、ごく稀に、彼らの理念が真に問われる時がある。厳しい政治状況のもとで一身の利害を捨て理念に殉ずる胆力、その有無が領袖たりうるか否かの試金石となる。

昭和十七年（一九四二年）の「翼賛選挙」はそういう「時」だった。

近衛新体制（大政翼賛会）運動の前に既成政党は次々と解散し、ほとんどの議員は翼賛議員同盟に吸収された。これに対して鳩山一郎は三十数名の同志とともに反東条内閣派の院内交渉団体「同交会」を結成、自ら代表となって軍部に抗した。親軍派でない多くの政治家たちも軍部を恐れて面従腹背の道を選んだ中で、鳩山らは敢えて峻険の道を選択したのである。

「彼らは軍部独裁の時代、軍部の支持する翼賛体制に反対の意思を明らかにすることによって、軍部に迎合的な世論からの厳しい批判と選挙での落選の不安にさらされ、時にはテロなどの生命の危険さえ覚悟しなければならない状況におかれていた。『面従腹背』を選ばなかった少数派の代議士たちである。その彼らの覚悟と矜持は政治家のもっとも必要とする資質のひとつだろう。こうした一群の政治家たちがいたから、日本の議会政治は連続性を失うことなく、戦後の政党政治も速やかに再出発をはかれた」（楠精一郎『大政翼賛会に抗した四〇人』）

対米英戦争を始めた東条内閣は緒戦の勝利で人気が高まっている機会に議会を解散し、独裁の基盤をさらに強化しようとした。それが翼賛選挙だった。東条内閣と軍部は、親政府・軍部系の議員を推薦するための「翼賛政治体制協議会」を設立した。推薦議員には物心両面の手厚い支援が、非推薦議員には官憲を総動員しての苛烈な選挙干渉が俟っていた。鳩山「同交会」系の議員は当然皆「非推薦」とされた。

それでも過酷な選挙戦を非推薦で勝ち抜いたものが、八十五人（定数四六六人）いた。それを多いと見るか、少ないと見るか。戦時下という状況を無視して、現代の感覚で評価してはならない。この選挙を非推薦で戦った三木武夫（三木武吉と血縁関係はない）は後に「大衆と言うものは信ずるに足るものだと確信した」と語っている。私もこれは、民衆というものが信頼に足る、ことを示すに充分な結果だったと思う。

このときの非推薦者（落選者も含めて）から、戦後政治の指導者が生まれた。尾崎行雄、斉藤隆夫らの長老、首相となった鳩山一郎、芦田均、片山哲（落選）、三木武夫、衆議院議長となった山口喜久一郎、植原悦二郎（落選）、大野伴睦（落選）、林譲治（落選）、星島二郎、益谷秀次（落選）をはじめ、河野一郎、川島正次郎、二階堂進（落選）、西尾末広、水谷長三郎、三宅正一ら、多くがその後自民党や社会党の領袖となった。

さて、三木武吉は、大正から昭和初年にかけて憲政会（民政党）系の政治家として華々しく活動していたのだが、昭和九年に京成電車疑獄に連座して有罪判決（禁錮三ヶ月）を受けたために、議員を辞職し、以後は政界を引退して報知新聞社長などをしていた。その三木が、突如として翼賛選挙へ非推薦で立候補した。引退後八年、なぜ彼は安穏な境涯を放擲し、敢えて弾圧の嵐の中に一身を投ぜんとしたのだろうか。

議会主義と政党政治の伝統を守護することこそは、三木にとって、生命を賭しても戦うべき「理念」であったのだ。三木は、この「時」、軍部の強圧のもとで崩壊に瀕した日本の議会主義と政党政治を護り抜くために、鳩山一郎とともに命懸けで戦うことを決意したのだ。

当選後、三木は、鳩山、そして中野正剛と組んで、激しく東条内閣と対決した。しかし昭和十八年秋、ついに中野は割腹自殺に追い込まれ、鳩山は軽井沢へ、三木は郷里高松への逼塞を余儀なくされた。

鳩山との別れに際して、三木は言った。「戦争が終わって議会が復活したら、二人で新しい政党を創ろう。僕は君を必ず総理にするよ」。鳩山は応えた。「そのときは君が衆議院議長だ」。

これは後に有名になったエピソードだ。しかしこのとき、鳩山も三木も、本心では、日本に議会政治が復興する日が来るという確信は持てなかったであろう。

翼賛選挙を非推薦で戦う困難さは、今日ではとても想像できない。その困難さは例え様がないのだが、敢えて民主党の国会議員や候補者にひきつけて例えれば、「連合」の推薦を返上して戦うようなものだ。

先ごろ新党立ち上げを宣言した橋本大二郎前高知県知事は、鳩山幹事長からの勧めを断り民主党から出馬しない理由についてこう言っている。

「民主党は『改革』と言いながら、自治労を有力な支持基盤としていることに強い疑問と違和感を持っている。自治労は自分が知事になって闘ってきたものの一つだ。地方の活力を奪ってきた責任は非常に大きい」（六月十三日『日経新聞』）

これは民主党に対しての潜在的な大きな批判を代弁したものだろう。私も、かつて倉渕ダム中止運動の先頭に立った際、自治労系地方議員らの執拗な妨害を受けてほとほと難渋した。本格的な行政改革や公共事業見直しを実現しようとするときに、それが大きな障害となることは、保守系の民主党関係者はよく承知している。しかし小選挙区制下の選挙を考えれば「面従腹背」で行くしかないと思っている。「非推薦」とはそれほど大変なことなのだ。

私は、平成十五年の高崎市長選挙（民主党群馬四区総支部推薦）と平成十七年の総選挙（民主党公認）を、連合「非推薦」で戦った経験がある。これは一人の政党政治家としても、日本政治史研究者としても、心中いささか誇りとするところだ。いずれも敗れはしたが、私も、「有権者というものは信ずるに足る」と実感したものだ。

その「時」、鳩山由紀夫氏は、翼賛会の横槍をものともせず、孤立無援の私の応援に、再三にわたり駆けつけてくれた。さすがに一郎の孫だけのことはある。今の民主党においては、「非推薦」候補を支援するというのも勇気のいることなのだ。だから私は人が何と言おうと「鳩山派」で、いつも犬馬の労を惜しまない決意でいる。そして彼がいる限り民主党に付き合うつもりだ。それにしても「非推薦の気概」の持ち主が、「同交会」ほどの人数もいれば、民主党は本当の改革勢力として歴史に記憶される活動が出来るのだが。

三木は、念願の鳩山内閣を樹立し、保守合同を成し遂げた後、昭和三十一年七月、七十一歳で死去した。総理大臣として弔辞に立った鳩山は、三木は「いかなる威武にも屈することのない不撓の気迫と、泉の如く湧きいずる縦横の機略とを以って」国家のために献身した、とその生涯を讃えた。

「威武も屈すること能わず」（『孟子』）、いかなる時も、いかなる圧力にも屈しない。これは、男子に対しての、また政治的人格に対しての最大の賛辞であろう。

『ベスト&ブライテスト』

平成十九年五月二十一日

四月二十三日、デービット・ハルバースタムが交通事故で不慮の死を遂げた。彼の著作の愛読者だったものの一人として、痛惜の思いに耐えない。

彼の代表作である『ベスト&ブライテスト』を初めて読んだのは、二十歳前後のころで、ベトナム戦争はまだ終わっていなかった。人生で大きな影響を受けた書物の一つだ。今も私にとって、アメリカ政治の教科書であり、政軍関係を考えるときに不可欠の参考書だ。

ベスト・アンド・ブライテスト（最も良質かつ最も聡明な人々の意）とは、ケネディ政権に集ったマクジョージ・バンディ（大統領補佐官）やロバート・マクナマラ（国防長官）に代表される超エリートを指す。バンディはハーバードの政治学教授、マクナマラはフォードの社長だった。彼らがどんなに頭が良かったか。

あるとき八時間にもわたるベトナム情勢についての会議があり、何百枚ものスライドが映し出された。ちょうど会議が七時間もたったころ、突然マクナマラが言った。「ちょっと待て、このスライド八六九番はスライド一一番と矛盾する」。すぐ一一番のスライドが映し出された。なるほど彼の言うとおりだった。「二枚のスライドは相矛盾する事態を説明していた。誰もが度肝を抜かれ、多くの人が恐ろしさを感じた。彼の名声が高まるのも無理なかった。畏敬の念すら抱かれた」。

こんな頭のいい連中が集った政府がどうして政策を誤り、アメリカをベトナム戦争の泥沼に引きずり込んでしまったのか。それがハルバースタムの問題意識だった。

単純化していくつか要約すると、まず彼らは「世間知らず」だった。現実政治（当然国際政治も含まれる）に不可欠な経験知を持ち合わせず、権力を操るものとしての敬虔さとも無縁だった。

彼らの頭脳にすっかり恐れ入ってしまったジョンソン（副大統領）に、老練な党人政治家サム・レイバーンはこう言った。「確かに連中は頭の切れる秀才かもしれないよ。しかし私としては彼らの中に一人でもいいから、地方の保安官にでも立候補した人間がいれば、もっと安心して見ていられるんだがね」。

彼らはまた、世界の多様性についてあまりにも無知であり、無理解だった。彼らはアメリカの制度、経済、文化、技術つまりアメリカ文明の絶対的な信奉者であり、その普遍性について疑うところがなかった。そしてアメリカ的正義の実現のためには、軍事力の限定的使用は必要であり、その効果についても楽観的な展望しかもっていなかった。

デイビット・リースマンは、限定戦争のすばらしさについて語る彼らに対して言った。「君たちは限定戦争なら何とでもできると思っているようだが、われわれはアメリカのリーダーシップを待ちこがれているエリート社会を相手にしているんじゃないよ。ベトナムはそんな社会じゃない」。そして思った。「あの連中は田舎者だ。頭は切れる。しかし大西洋しか知らない田舎者なのだ」と。

彼らは紛れもなく、同時代で最も明晰な頭脳を持った人材であり、しかも善意に満ち、世界とアメリカの将来を真剣に考えていた。しかしアメリカという文明、アメリカという原理の普遍性を無邪気に信じすぎていた。

どんなに強力な文明にも限界というものがある。一国を軍事的に制圧することは出来ても、アメリカ文明に同化させることは容易なことではない。アメリカは時々そのことを忘れる。軍事力が文明の限界点を超えて行使されるとき、破壊と暴力だけが露出する。戦いは軍事的にも道義的にも立ち行かなくなり行き詰る。かつてベトナムで、今イラクで起こっている事態はそれだ。

「文官が将軍を統率する最良の方法は、戦争を起こさぬことなのである。だが、このことが身にしみてわかるのは、はるか後のことであった」

この一節は政軍関係の本質を突いたものとして、強く印象に残った。政治目的に合わせて、軍部を意のままに操り、軍事力を緩急自在に行使することなど不可能なことなのだ。全能のように見えたマクナマラも軍部を掌握することは出来なかった。掌握しているかに見えたのはアメリカが実際上の戦争状態に入るまでのことだった。

優秀で、善意にみち、国の将来を真剣に考えている軍人や官僚が、大きな誤りを犯すというのは、政治史的にはよくあることだ。中曽根政権で元大本営参謀の瀬島龍三氏がブレーンとして活躍していたころ、その頭脳の冴えに感心した当時の金丸信自民党幹事長が「あんな頭のいい人が参謀本部にいたのに、どうして戦争に負けたのだろう」と言ったという話が流布した。

確かに、戦前日本の軍部は人材の宝庫であり、同世代の第一級の頭脳はみな軍部に吸収された。その結果、参謀本部には神童と謳われた秀才がひしめいていた。それにもかかわらず、昭和の日本は愚かな戦争に引きずりこまれ、敗れた。「ベスト・アンド・ブライテスト」はアメリカだけの話ではないのだ。

戦後非軍事国家として生きてきた日本では、政軍関係について、政界でも学界でも、まともには取り上げられないまま過ごしてきた。しかし時代環境は一変した。軍事力を背景にした外交――これからの日本は多かれ少なかれその誘惑に駆られることになるだろう。それを一概に悪いこととも言えない。しかし、政治が軍事を統御することは決めて困難なことだということは、しっかりわきまえておかないといけない。

当時アメリカ・ニュージャーナリズムの旗手といわれたハルバースタムが、もう七十三歳だったことにいささか驚きもし、自分の歳も感じた。

「駐留を続けることは痛みを伴う上に、問題の解決には繋がらない。撤退は痛みを伴うが、少なくとも問題から免れることはできる」

ベトナムについてではない。イラクについて彼が死ぬ前に語った言葉だ。

『マクナマラ回顧録』

平成十九年五月二十八日

「ケネディ、ジョンソン両政権でベトナムについての決定に参加したわれわれは、この国の原則と伝統と考えるものにしたがって行動しました。これらの価値観に基づいて決定を下したのです。しかし、われわれは間違っていました。ひどく間違っていました。その理由を、われわれは将来の世代に説明する義務があります」

ロバート・マクナマラの回顧録は、その率直さと精緻な内容で驚かされる。言うまでもないが、彼はケネディ、ジョンソン両政権の国防長官だった。彼がこの回顧録を刊行したのは、ベトナム戦争から四半世紀後の一九九五年三月のことだった。彼があの戦争の責任者であったが故に、この書物は毀誉褒貶の渦に巻き込まれずにはおられなかった。そのことについてはひとまずおく。

マクナマラは、「ベトナムの教訓」と題する終章において、「アメリカがベトナムで大失敗した主要な理由」を十一項目にわたって整理している。曰く。

一、相手方（北ベトナム、ベトコン、ソ連、中国）の地政学的意図の判断を誤り、彼らの行動がアメリカに及ぼす危険を過大評価した。

二、南ベトナムの政治指導者、政治情勢への判断を誤った。

三、北ベトナムとベトコンのナショナリズムの力を過小評価した。

四、地域の歴史、文化、政治、さらに指導者たちの人柄や慣習についての深刻な無知があった。

五、ナショナリズムに鼓舞された「人民の運動」と対決した際、アメリカの持つハイテク装備、兵力、軍事思想には限界があるという認識が欠けていた。

六、東南アジアで大規模な軍事介入を開始する前に、その是非について議会と国民を相手に率直な議論を行わなかった。

七、国民的支持の欠如。「一国のもっとも深いところに潜んでいる力は、軍事力ではなく、国民の団結であり、アメリカはこれを維持するのに失敗した」。

八、アメリカの国民も、指導者も、全知の存在ではないことを認識していなかった。アメリカ自身の安全保障が直接脅かされる場合を除いて、対応は国際的な場での公開の討議で決定すべきだった。「全ての国家を、アメリカ自身のイメージや好みにしたがって作り上げていく天与の権利を、われわれは持ってはいない」。

九、アメリカに対する直接の脅威に反撃する場合を除いて、アメリカの軍事行動は国際社会が充分に（形式的ではなく）支持する多国籍軍と合同で実施するという原則を守らなかった。

十、国際問題では、人生のほかの側面と同様、すぐに解決できない問題もあるということを認識しなかった。「問題は解決できるものと信じ、生涯をその実践に捧げてきた一人として、私がこれを認めるのはとりわけつらいことだ。しかしわれわれは、ときとして不完全で猥雑な世界と共存しなければならない」。

十一、以上の失敗の背景には、高度で複雑な政治、軍事問題に効果的に対処できる、行政府のトップクラスの意思決定システムが存在しなかった。

そして彼は、冷戦後の世界に言及する。

国と国が経済、環境、安全保障に関して離れがたく結びついている現在の国際社会においては「国家は、たとえアメリカといえども、一人ではやっていけない。こうした冷戦後の国際関係については、権力外交の原則より、国連憲章の方がはるかに適切な枠組みを提供している」。

国際的な介入に際しては「軍事力は国家形成の過程を促進する上で限られた能力しか持たないことを認識すべきだ。軍事力それ自体は『失敗した国家』を再建することは出来ない」「多角的な意思決定と責任分担が行われる場合にだけ、アメリカは行動すべきだ」「アメリカ国民の損失につながる局地戦を、長期間にわたって戦うのが、いかに困難であるか、ベトナムは疑う余地なく教えてくれた」。

アメリカはその軍事力、経済力の強大さと自らの理念に対する過大な自信によって、歴史上幾度か誤りを犯してきた。しかしその誤りを認め、克服する能力においても卓絶したものがある。だからアメリカは偉大なのだ。私は『マクナマラ回顧録』をその偉大さの一つの証明として読んだ。

マクナマラはベトナム政策でのジョンソン大統領との対立から一九六八年二月に国防相を辞任。以後は十三年間にわたって世界銀行総裁を務め、その後も南北問題や核軍縮で積極的な発言を続けた。「ベスト・アンド・ブライテスト」と揶揄された彼だが、同時代の米国で、真に最高にして最良の知性であったことは、この回顧録が証明するところだろう。

「愚者は経験に学び、賢者は歴史に学ぶ」とはビスマルクの名言だが、現実政治の場において、「歴史に学ぶ」ことがいかに困難であるか、イラク戦争の現在が教えている。彼はこうも言っている。

「（限定的な戦争に関わる場合は）アメリカの指導者と国民は、アメリカの限定された目標が、許容範囲の危険やコストでは達成できないらしいとわかったときは、損害の少ないうちに手を引き、撤退する覚悟がなければならない」「外部の軍事力は、民衆が民衆自身のために作り上げる政治的な秩序と安定の代わりをすることは出来ない」。

マクナマラの「ベトナムの教訓」はそのまま「イラクの教訓」と読み替えることができる。アメリカは来年大統領選挙を迎える。そして、いま多くのアメリカ人が、これ以上米軍を増派しても本当に「イラクの安定化」を実現することは出来ないのではないか、そもそも対イラク開戦は間違いだったのではないか、と感じ始めている。私は、近い将来アメリカが、これまでの単独行動主義を反省し、大きく方向転換すると信じたい。

そしてそのときに、友邦の誤った戦争に唯々諾々と付き合った、日本の「ベスト・アンド・ブライテスト」の責任が厳しく問われることとなるだろう。

幣原喜重郎とジェームズ・ブライス

平成十九年六月四日

前々回は、ハルバースタムの『ベスト&ブライテスト』を、前回はそのつながりで『マクナマラ回顧録』について書いた。今回はまたそのつながりで、幣原喜重郎の回想録を思いついた。

幣原喜重郎は、戦前の政党内閣全盛期に、憲政会・民政党内閣の外相を長く務め、幣原外交の名を残した老練な外政家だった。戦後『外交五十年』と題する口述筆記の回顧録を刊行している。これを読んだのは大学院で外交史を勉強していたころだから、もう三十年も前の話だ。その中で今でも印象に残っている一節がある。それはジェームス・ブライスが、幣原に対して、彼自身と英国の外交哲学を語るくだりだ。

ブライスは、イギリスの学者であり政治家でもあり、最後は外交官として駐米大使を務めた人物だ。学者としても政治家としても超一流の人物で、憲法や歴史について優れた著作を残している。彼の『アメリカ共和国』というのは、大変な名著とされているが、適当な邦訳がなくて私は全文を読んではいない。

大正元（一九一二）年、幣原は駐米大使館参事官として米国に渡った。そのころ英国の駐米大使に任ぜられていたが七〇歳になるブライスであり、当時米英間は、パナマ運河の通航税問題をめぐって緊張していた。米国は自国船の通航のみを無税とし、外国船には重い税をかけるパナマ運河通航税法案を通そうとし、ブライスはこれに激しく抵抗していた。

若き幣原がブライス大使を訪問したのは、米上院がその法案を可決した翌日だった。幣原は、ブライスが英国の主張を今後も貫き、抗議を継続するものと予想しつつ問うた。ところが意外にも彼は「もう抗議は一切しません」と答えた。幣原がその首尾一貫しない態度を難ずると、ブライスは昂然として言った。

「どんな場合でも、イギリスはアメリカと戦争をしないという国是になっています。抗議を続けていけば、どういうことになるか、それは結局戦争にまで発展するほかはありますまい。戦争をする腹がなくて、抗議ばかり続けて、なんの役に立ちましょうか。それはわれわれが恥をかくに止まります。私はもう抗議などという有害無益の交渉は全然やめてこのまま打ち捨てておきます。われわれは区々たる面目や、一部分の利害に拘泥して、大局を見失ってはなりません」

ブライスはこう述べた後、話題を日本がかかえるカリフォルニアでの日系移民排斥問題に転じた。それは駐米外交官時代の幣原が最も苦心惨憺した問題であった。幣原は、国内世論が厳しく抗議を続けるほかないと答えた。これに対してブライスが言った。

「一体あなたはアメリカと戦争する覚悟があるのですか。もし覚悟があるなら、それは大変な間違いです。これだけの問題でアメリカと戦争をして、日本の存亡興廃をかけるような問題じゃないでしょう。私ならもう思い切ります」

「アメリカ人の歴史を見ると、外国に対して相当不正と思われるような行為を犯した例はあります。しかしその不正は、外国からの抗議とか請求とかによらず、アメリカ人自身の発意でそれを矯正しております。これはアメリカの歴史が証明するところです。われわれは黙ってその時期が来るのを待つべきです。加州の問題についても、私と同じような立場をとられることを、私はあなたに忠告します」

大正九（一九二〇）年、幣原は駐米大使となり再び米国に赴いた。そして講演旅行で米国に来ていた老ブライスと再会する。そのときまでには、彼の予言どおりアメリカは自発的に差別的な通航税を撤廃していた。しかし日米の移民問題は一向に解決しなかった。幣原が、ブライスの予言は英国については的中したが、日本については外れたと冗談めかしく言うと、ブライスは急に真顔になって、幣原を睨みつけるようにして言った。

「あなたは国家の運命が永遠であるということを認めていないのですか。国家の永い生命から見れば、五年や十年は問題ではありません。功を急いで紛争を続けていては、しまいには二進も三進も行かなくなります。いま少し長い目で、国家の前途を見つめ、大局的見地をお忘れにならぬように願います」

排日移民問題が、当時どれだけ日本人のナショナリズムを刺激し、対米感情を悪化させたかは、今日では到底想像できない。しかしそれは、知米派の新渡戸稲造にさえ「米国がこれを撤回しない限り二度と米国の土は踏まない」と言わしめたほどの衝撃を朝野に及ぼしたのだ。昭和天皇も排日移民法が大東亜戦争の大きな原因であったと述べている（寺崎英成編『昭和天皇独白録』）。

幣原が回顧録でブライスの対米外交哲学について特筆しているのは、その後の彼自身がブライスの教えに学ぶところが多かったからであろう。実際、憲政会・民政党内閣で外相となった幣原は、対英米協調外交を自信を以って推進した。

米国は、昭和五（一九三〇）年ごろまでには、スティムソン国務長官の指導下で、排日移民法の改廃を検討するに至った。幣原外交のもと日米関係が安定していたことがその背景だった。しかし、それが現実のものとなる前に満州事変が勃発したのだ。

幣原は、満州事変後十数年を経て終戦処理内閣首相として復活するまで、政治の表舞台から姿を消した。だが彼が政党内閣の外相として築いた米国との信頼、とりわけスティムソンが幣原に寄せた信頼感が、日本を壊滅から救い、天皇制存続への道を開いたことを忘れてはなるまい（『秋篠宮妃殿下ご懐妊に想う』参照）。

ブライスは、スティツマンとポリティシャンの相違について、最初に語った人物だといわれる。大局的長期的視野で国家の行方を考える高い教養を持った人物をスティツマン、真の政治家というのだ、と。幣原には、内政音痴であった等の厳しい批判もあるが、彼がスティツマンの名に値する政治家であったことは間違いない。

『元老西園寺公望』

平成二十年一月十七日

正月休みに、伊藤之雄『元老西園寺公望』を読んだ。伊藤氏の著作はなるべく読むようにしている。これは新書版だが、同氏の近年の大著（なんと約七〇〇頁もある）『昭和天皇と立憲君主制の崩壊』や『政党政治と天皇』などを、西園寺の政治生涯に関連づけて要約した内容になっている。

西園寺公望は、若くして維新の革命戦争に参加し、岩倉具視や大村益次郎に将来を嘱望された公卿政治家だった。維新革命の後、十年近くもフランスに留学し、帰国後伊藤博文の薫陶を受け、その政治的衣鉢をついで政友会総裁となり、日露戦争後に二度に亘って内閣首班の印綬を帯び、また戦前日本の絶頂とも言うべき第一次大戦戦勝国が集うパリ講和会議の首席全権に任ぜられた。

大正末年からその死に至るまでは「最後の元老」として首相奏薦権を握り、大正デモクラシー期には政友会と憲政会（後の民政党）の二大政党交代による政党内閣制の実現を演出した。五・一五事件以後も、軍部や国粋勢力の攻撃をかわしながら、親英米的な昭和天皇を支えて、可能な限り、健全な明治国家の政治的伝統を守ろうとした。そして対英米開戦の前年昭和十五年に九十二歳で死去した。

彼は、明治国家の草創から崩壊期まで、その中枢に位置しつづけた唯一の人物あり、まさに明治国家の栄光と凋落を一身に体現した稀有な政治的人格だった。

「元老」というのは、明治天皇の勅命によって任ぜられた伊藤博文、黒田清隆、山縣有朋、井上馨、松方正義、大山巖、西郷従道、桂太郎、西園寺公望の九人を指す。大正十三年以降は西園寺がただ一人の元老だった。

元老の大きな役割は内閣交代に際して、後継首相を天皇に奏薦することだったが、それ以上に明治憲法体制では元老の存在を不可欠とする理由があった。

今の日本政治では、衆議院を基盤とする内閣が、野党が多数を占める参議院の存在に手を焼いている。議院内閣制を採る先進民主主義国でこれほど強い権限を持つ第二院が存在する国はなく、昭和憲法の制度的欠陥と言わざるを得ないのだが、明治憲法下の政治体制の複雑さと運営の困難さは、今日の衆参のネジレをはるかに超えるものだった。

衆議院と同じ権限を持つ貴族院があるだけでなく、政治制度の改正や条約の批准などは枢密院が権限をもち、陸軍と海軍はそれぞれが独立王国の観を呈してした。こうした明治憲法の多元的な統治構造を統合する役割を負っていたのが、憲法外の存在である「元老」であった。

しかし明治の元勲たちは老い逝く運命を免れない。そこで元老に代わって、明治国家の統合勢力たる使命を負ったのは政党であった。衆議院（つまり政党）に基盤を置く首相が、軍部を含む明治憲法体制下の諸統治機関を統合する存在となるまで、政党権力が拡大する可能性もなくはなかった。政友会の原敬、憲政会（民政党）の祖となった桂太郎や加藤高明がいま少し存命していれば、日本の政党政治はさらに力強い発展を見せたであろう。しかし彼らも中道において倒れた。

また時代環境も政党が無理なく権力を拡大する余裕を与えなかった。経済環境は恐慌、政治環境はナショナリズムとポピュリズムの支配する統治しにくい時代だった。結局政党は期待される発展を遂げることが出来なかった。昭和戦前期の日本は、多元的統治構造を持つ明治憲法体制の欠陥が露呈し、責任ある国家的意思決定が出来ないまま、惰性のうちに対英米開戦に行き着いてしまったのである。

さて、伊藤氏の著作は、一言で言うと「西園寺に甘く、昭和天皇に辛い」ということだ。

伊藤氏によれば、立憲君主制（著者はこれを政党内閣制という意味で使っている）崩壊の要因は、一九三〇年代の三つの政治的決定に際して、昭和天皇とその側近（牧野伸顕内大臣や鈴木貫太郎侍従長ら）が、元老西園寺の判断や助言と異なった政治関与を行ったためだとしている。しかしこの結論には同調できない。

著者が指摘する三つの政治的事件とは、①張作霖爆殺事件に際して田中義一首相を問責し倒閣したこと②ロンドン軍縮条約締結問題をめぐり海軍内の対立を調停せず、反対派の加藤寛治軍令部長の上奏を認めなかったこと③満州事変勃発に際し林銑十郎朝鮮軍司令官らによる越境出兵を事後承認してしまったこと、である。

それぞれに異論があるが、たとえば③について言えば、これは宮中の対応云々より、第一義的には首相の資質の問題だろう。著者も別のところでは、首相が優柔な若槻礼次郎ではなくて胆力のある浜口雄幸ならおのずから結果は異なっていたはずだと述べている（『政党政治と天皇』三四三頁）。

それはさておき、著者の言うとおり、先の三つの事件で西園寺の考えていた通りに昭和天皇が対応すれば、あるいは戦前の政党政治の軌跡は多少違う展開をたどったかもしれない。

ではなぜ、これらの問題について、昭和天皇が、西園寺より牧野内府や鈴木侍従長の助言を尊重して対応したのか。

著者の実証した西園寺の助言の実態やその過程をみても、西園寺が重大な局面において自らの主張をどうしても通そうという執念に欠けていたことは明白だ。西園寺は、天皇に代わって、命がけで政治紛争の矢面に立ち、泥をかぶってまでも事態を収拾するというアクの強い政治的人格ではなかった。それは、近衛文麿ほどではないにしろ、公卿政治家の常なのかもしれない。

西園寺が自らの判断を天皇の対応に反映させられなかったとしたら、それは西園寺の政治家としての限界なのであり、とうてい昭和天皇や近臣の限界とはいえない。実は、このことは著者も本当はよくわかっているのだ。著者は原敬の死を惜しんでこう述べている。

「この不幸な事件がなかったら、原は、個人的力量でより充実した立憲君主制の慣行を、憲法以外の法令でさらに定着させたことであろう。またいずれ元老又は内大臣となり、昭和初期の立憲君主制の危機に際し、若い昭和天皇を支え、天皇がより適切な判断が出来るように助言し、立憲君主制の崩壊が起きなかった可能性もある」(『昭和天皇と立憲君主制の崩壊』五六八頁)

著者のこの意見については、私もまったく同感である。だから、である。なぜ元老西園寺は、原なら出来たであろうことが出来なかったのか。著者の言う、原にはあって、西園寺にはなかった「個人的力量」とは何なのか。そこにこそ政治家西園寺の魅力と限界があるのではないか。

西園寺は和漢洋の学問に通じ、国際的感覚も豊かな文人政治家であり、すぐれた判断力の持ち主であった。しかし権力に強い執着心をもつ伊藤、山縣、桂、原、のようなたたき上げの政治家ではなかった。だから軍部内はもとより、官僚にも、政党にも、西園寺閥のような強い人間関係は存在しなかった。彼はあくまでも孤高であり、彼を政治的に支える本当の意味での同志も盟友も側近も、そして家族もいなかった。

彼は最後の元老として、首相奏薦権という限定的で特殊な権力をもち、それゆえ大きな「政治的権威」を有していたが、伊藤や山縣が持っていたような国家統合レベルの広い人脈の上に立つ実態的な「政治権力」をもつ「元老」ではなかったのである。

伊藤氏は、『元老西園寺公望』によって、従来の「見識はあるが、権力意思が希薄であり政治家として気力、迫力を欠く」という西園寺像の再評価を試みた旨述べているが、私の読んだところでは、今までの西園寺像を一変させるというほどのものではない。むしろ従来の西園寺観を再確認したような感じだった。

だからと言って私は西園寺が嫌いなわけではない。それどころか、今から三十年以上も前に、石田博英先生の書庫にあった『西園寺公と政局』を読んで以来、西園寺に大きな興味と敬愛の念を抱いてきたのである。

われわれが今直面しているように、内閣とは異なる意思決定をする機関が参議院ひとつであっても大変なのだから、明治憲法体制下の昭和天皇や西園寺の苦労は想像を絶するものがあったであろう。私は、複雑な政治制度と困難な時代環境中で、昭和天皇も西園寺も実によくやったと高く評価しているのだ。

過剰なナショナリズムとポピュリズムが支配する加熱した昭和戦前期の政治史の中に、昭和天皇や元老西園寺のように、つねに国際協調の立場に立ち、現実的で冷静な判断力を失わなかった政治指導者がいたことは奇跡的なことだ。

著者はこの西園寺伝に「西園寺公望と現代」なる終章を設け次のように結んでいる。

「西園寺が生きた時代と、冷戦が終わった現在とでは、国際環境や日本国内の事情も大きく異なっている。しかし西園寺の理念や問題解決におけるリアリズムの手法と、老いても内に情熱を秘めた、粘り強い姿は、私たちにいくつかの指針を与えてくれているように思えてならない」

第七章　敗者の誇り

「いくら人格が立派で知識、見識があっても、あのトラックの上に乗って、選挙運動をする勇気のないやつはだめなんだ」（石橋湛山）

志士は溝壑にあるを忘れず

平成十八年一月三十日

先日の施政方針演説で小泉首相は「志士は溝壑（こうがく）にあるを忘れず」という吉田松陰の言葉を引用した。もともとは『孟子』勝文公編に出てくる言葉で、「勇士は元（こうべ）を喪うを忘れず」と対句になっている。変革の志を抱くものは、いつ屍となって路傍のどぶに打ち捨てられようともそれを本懐とすべきだ、という趣旨だ。「尊攘の志士」の語源とも言われる。

孟子はこの対句を孔子の言葉としているが『論語』には出てこない。同じ儒教の経典だが、『論語』はどちらかというとのんびりした人生教訓書の趣があるのに対して、『孟子』は非常に過激な革命書的色彩が強い。だから『孟子』が好きだという人はどこか革命家的体質を持った人が多い。革命家的体質の人が『孟子』を読むとますます過激になって「千万人といえども吾往かん」（公孫丑編）と、怖いものなしの心境になって行動することになる。

吉田松陰という人はとくに『孟子』を好んだ。『講孟余話』は彼が萩で下獄中に囚人たちに講義した原稿だが、これは明らかに「松蔭の孟子」で、もともと過激な『孟子』が、さらに過激な変革行動思想に昇華している。

明治維新というのは世界史的には一つの奇跡的な出来事といってよい。十九世紀の後半、西欧からの挑戦に遭遇した非白人キリスト教文明諸国は、いずれも植民地化、半植民地化の運命を辿った。その中で唯一日本だけが、国内体制を一新し、工業化に成功して西欧に伍したのである。

明治維新（維新革命）とは、端的に言えば薩長が幕府を倒した政治的軍事的プロセスである。さらに突き詰めれば、長州対幕府の対決であった。長州藩の無謀ともいうべき継続的な反幕府活動がなければ、幕藩体制は延命していた可能性が高い。では、そうした長州藩の革命勢力化がどうして起こったのか。学生時代の私の結論は「吉田松陰がいたからだ」った。要するに明治維新という世界史的偉業の淵源を辿ると、安政の大獄で刑死した一人の若者に行き着く。

というわけで、私は学生のころ吉田松陰にたいそう心酔していた。戦前に出た徳富蘇峰

『吉田松陰』に始まって司馬遼太郎の小説『世に棲む日々』に至るまで、あらかたの松陰伝は読んだ。河上徹太郎描く松陰（『武と儒による人間像』）は、近寄りがたい哲人政治家の雰囲気だが、司馬遼太郎の松蔭は、純粋無垢の明るく活動的な思想青年だ。

いずれが実際の松陰像なのかはともかく、彼の直接間接の弟子たちが、藩内闘争に勝ち抜き、長州を反幕府革命藩に変え、やがては明治政権の立役者になっていった。生き残った長州閥の顕官たちが維新革命の教祖に仕立てた面もあって、松陰の存在は巨大なものとなっていった。

しかし、もちろん松陰はそんなことは知らずに、倒幕などは夢幻でしかなかった時期に死んだ。もし維新革命が成功しなかったとしたら、彼は、溝壑に屍をさらすことを以って本懐とする一人の無名の志士として終わっていただろう。

彼の遺書とも言うべき『留魂録』第八項は有名な「四時の説」が述べられている。事成ることなくして死すことは作物が実りを迎えるまえに枯れるようで惜しむべきように見えるかもしれないが、決してそうではない。「十歳にして死するものには十歳中自ずから四時あり、五十百は五十百の四時あり」。十歳であれ百歳であれ、人の一生にはその長短にかかわりなく、必ず春夏秋冬の四時（四季）があり、それぞれの生の意味がある。

「同志の士その微衷を哀れみ継紹の人あらば乃ち後来の種子いまだ絶えず、自ら禾稼の有年に恥ざるなり」

松蔭は、三十歳にして死ぬ自分にも四季はあったとその蹉跌の生涯を自ら励まし、その志が弟子たちに受け継がれることにわずかな希を抱きつつ、武蔵の野辺に朽ちたのだった。「師が弟子を生かすのではない。師が弟子の中に生きるのである」（河上徹太郎）。彼の志は、高杉晋作、久坂玄瑞をはじめとする村塾の弟子たちによって継承され、その多くは非命に倒れたが、やがて維新革命は成就した。

松陰は、自分の周りに集まる若者たちを友人として接するという気持ちが強かったようで、志を伝えたいという気持ちは旺盛だったにしろ、彼らを教育者としての高みから指導するという意識は薄かった。また村塾で松陰が教えたのはわずか二年に過ぎなかった。それに手本にするには彼の行動はことごとく失敗だった。それなのになぜ松下村塾は維新革命の主要な担い手たちを生み出しえたのか。

大江健三郎は言う（司馬遼太郎『八人との対話』）。松蔭は「時代が変わっていくということをよく知っていたし、時代が変わっていくときに自分が責任をとってある新しいものを創りださなければならないと考えていた」。そして、「教育というものを考えるとき、教育をする人間が時代は変わりつつあると思っている、そしてアクティブに自分の力で何かを創造しようと考え、若い人たちにそれへの参加を求める」、それが教育の一つの原理だ、と。

松陰が生きたのは江戸幕藩体制を支えた政治と社会と思想の枠組みが大きく崩壊し始めた時代だった。彼は決して偉大な思想的預言者でもなく、新しい時代の政治体制の構想者でもなかった。

彼はその不透明な変革期を「未熟な予感以外の大先見性や予測など何一つ持ち合わせないままに、忠実無類に生きたのであった。彼の自己矛盾と彼の苦悩と彼の焦慮は、激しく崩れ行く一つの時代の矛盾であり苦悩であり焦慮であった。……政治行動における彼の失敗と蹉跌こそ、歴史的変動の体現者として彼の最大の成功なのであった」（藤田省三『松陰の精神史的意味に関する一考察』）

歴史上、一人の政治的人格の挑戦と蹉跌の軌跡が、時代そのものの表象となることがある。その最も偉大な例が吉田松陰の政治生涯であった。

『新井白石の政治戦略』を読む

平成十三年十月六日

ケイト・W・ナカイ氏の近著『新井白石の政治戦略』(東京大学出版会)を読んだ。私も長年新井白石に関心を抱いてきた者だが、本書は白石研究の白眉ともいうべき労作である。

新井白石は六代将軍徳川家宣の側近として、「正徳の治」と称される数々の政治経済政策にかかわった。なかでも彼が最も精力を傾けたのは「徳川将軍の日本国王化」であった。

徳川幕府支配体制の本質的矛盾は天皇と将軍の間で、主権が名と実に二分化されていることであり、確信的な儒教主義者にとっては、武家政権の支配の正統性をすっきり説明できないもどかしさがあった。白石は、独自の儒教イデオロギーをもとにした日本史の再解釈と果敢な改革姿勢で現実の政治課題に挑戦し、将軍を真の日本国王にする方向でこの問題を解決しようと奮闘した。

本書は、その政治戦略の解明を通して、日本の政治秩序の歴史に内在する特徴を析出するとともに、躍動的で新鮮な新井白石像を描き出している。

しかし白石の企図は結局挫折した。その後江戸期の儒教イデオローグ達によって開発されたのは、政権委任論であった。つまり将軍は「天命」よって王朝をひらいた国王ではなくて、本来的な日本国王である天皇の「委任」よって政権を担当しているのだという、日本的政治構造の伝統に儒教的観念を接木した政権論であった。

正統的な儒教イデオロギーに立って考えれば、白石の目指した政治体制の改革論の方向が正しいのだろう。しかし本書が、白石の挑戦と挫折の経緯を詳しくたどっていく中で、むしろそこから浮かび上がってくるのは、千年余にわたる日本的政治構造の伝統の強固さと、ある意味での合理性なのである。

確かに白石が危惧した通り、主権の二重性を是認する政権委任論の不完全さは、一八五〇年代の徳川政権の危機と終焉をもたらした。しかし別の視点からすれば、日本の伝統的な政治構造が極めて優れた状況への適応力を持っていたことを示したことになるし、それは後の議院内閣制への移行も円滑ならしめた、とも言えるのである。

日本では西暦千年前後の時代に「象徴的な政治的権威」と「実態的な政治権力」の分離

を達成し、以後千年余にわたってこの体制を継続して現代に至っている。これは日本が世界史上に誇るべき事実なのだが、日本人は伝統的な日本政治の構造を肯定的に評価する理論的な枠組みをずっと発明できずにきた。

むしろ歴史的に日本の知識階級は自国の政治を外国製の政治理論によって解釈することに情熱を傾けてきた。近世においては儒教的な、近代においては西欧的な政治理論が権威ある理論とされ、その枠組みからはみ出す現実は、不正常なもの、遅れたものとして嫌悪され、排斥の対象にされてきた。

今でも「日本の元首は天皇ではない」などと、白石の時代と同じような、不毛な議論に夢中になっている人もいる。昭和憲法が、天皇について、西欧的な政治概念である国家元首ではなく、より曖昧な概念である「象徴」としたことは、むしろ日本の政治秩序の伝統に適ったものだ。もちろん、それは昭和憲法の起草者たちの見識によるものではなく、単なる偶然に過ぎないことなのだが…。

武家支配の正統性を追求して一人で苦闘する白石の姿は、天皇制と国民主権の並存という矛盾（?）に思い悩む戦後民主主義のイデオローグ達にも似て、これに無関心な庶人にとっては一種滑稽な風景に見える。尤も彼は「儒教思想家というよりはむしろ、儒教『実践家』」であり、戦後日本のひ弱な進歩的知識人とは比較にならないほどの戦闘的な姿勢で時代に対峙した。

白石にとって不幸なことに、彼を深く信任した将軍家宣は早世し、その子家継も夭逝して、正徳の治は僅か六年余りで終ってしまった。白石はその余生の約十年間を、短かった正徳時代の回想と、その間の自己の政治行動の正当化のための著述に費やした。

それらの著述の特徴は、もちろん白石流の儒教理論に貫かれたものだが、彼はそれが広く読まれ、後世に影響を及ぼすことになることを明らかに意識していた。つまり白石イデオロギーの宣伝書的な色彩が濃厚なのだ。だから『折たく柴の記』にしても『読史余論』にしても、江戸期の儒学者の書物としては、例外的なほど平易で、読みやすく、面白い。ともかく今日に至る新井白石の魅力は、彼が学者としても江戸時代屈指の存在であっただけでなく、儒学者としての知的探求の結果確立した独自の価値体系に沿って現実の政治体制を作り変えようと奮闘した政治家であり、その果敢な行動が現実政治に少なからぬ影響を及ぼしたことによるものだろう。それ故にまた白石の評価は時代と共に揺れ、今日においてもなお毀誉褒貶の海の中にいる。

ナカイ氏の筆はこの挫折した知識人政治家に対して暖かい。彼女は白石を宋代の改革者王安石に比し、「彼が現状に挑戦してその基礎に横たわるイデオロギー的伝統を作り直そうとした果敢さには、この宋の政治家のそれによく比較しうるものがある」とまで賛嘆している。

「白石は非妥協的で他の誰をも自分とは対等と認めない態度のために、彼は孤立し、結局は敗北を運命づけられた。同時にそうした性質のゆえに彼は、自分が直面した状況の如何にかかわらず、『何時にても、何処にても自己の主人』であった」

このような類型に属する政治家を他に日本政治史の中で探すことは困難である。近年において、敢えてそれを求めるとすれば、田中秀征氏以外には見出し得ないのではないだろうか。

直江兼続

平成二十一年一月八日

今年のＮＨＫ大河ドラマ「天地人」の主人公は直江兼続である。正月四日の第一回目は、兼続が主君上杉景勝と共に豊臣秀吉と会見する場面から始まった。秀吉は兼続に自分の直臣となるよう求めるが、「わが主は上杉景勝ただ一人」と見事に断られてしまう。秀吉は「山城守は天下執柄の器量人なり」と賛嘆する。兼続にまつわる有名な話だ。

直江兼続は上杉謙信の養子景勝に仕えた名臣であり、上杉家の家老であるとともに、山城守の官位を与えられた大名でもあった。景勝が越後から会津百二十万石に転封された後には、上杉家執政のまま米沢三十万石の大領を与えられていた。そして石田三成とともに反徳川家康戦争を企図した首謀者だった。

直江兼続と石田三成は私が最も好む戦国武将である。この二人がいなければ、日本の戦国史はもっと平板な終わり方をしていたのではないか。彼らは孟子流の「義」を行動理念として生きた戦国時代の珍種だった。

私は「花の生涯」（当時小学四年生だった）以来ずっと大河ドラマを見てきたが、直江兼続が主人公に取り上げられたのは、大河ドラマ四十五年の歴史の中で初めてのことだ。この「関が原」の敗者の人生がまともに取り上げられるに至ったことは誠に欣快至極だ。

直江兼続の兜の前立が「愛」の一文字だったことはよく知られている。この愛の意味は、もちろん今風な愛情、恋愛の「愛（love）」ではない。武神である愛宕明神の「愛」をとったものとも、愛染明王の「愛」をとったものとも、儒教の「仁愛」の意味であるともいう。『論語』では、「仁」と「愛」はほぼ同じ意味に使われている。仁とは、平たく言えば、民を思い遣り慈しむ精神というような意味だ。孔子は、仁を備えた政治的人格が政治を行えば自ずから世の中が良くなると主張した。

孔子から百年後の戦国時代に生きた孟子は、仁に加えて「義」ということを強調するようになった。義は「利」に対立する概念であり、儒学では利を卑しんで義を尊ぶ。国も人も利を追って動く苛烈な戦国の環境が、孟子に、仁だけでは世の中を救えないと思わせたのだろう。兼続も、また彼の最初の主君であった上杉謙信も『孟子』を好んだ。

『孟子』に「仁は人の心なり、義は人の路なり」とある。すなわち義とは仁を実現するための行動原理であり、仁は何が正義かを決める判断原理ということになるだろう。そして「利」が支配的な現実政治の場で「義」を行うには大いなる勇気（＝「大勇」）を要する。大勇とは「自（みずか）ら反（かえ）りみて縮（なお）くんば、千万人と雖も吾往かん」の気概であり、そのような大勇の持ち主こそ「大丈夫」つまり男の中の男なのだ、と孟子は言う。

若いころ『孟子』を読んだ私は、「結局のところ、孟子は、政治家は大丈夫でなければならない、政治は男の中の男にしてはじめて成し得る仕事だ、と言っている」と結論づけたものだ。

孟子は「仁義」とひとくくりに言っているが、この二つの理念は時に対立することもある。兼続が対徳川の挙兵を決意して京を去るとき、当時の著名な儒学者である藤原惺窩を訪ねて問うた。古語に「絶えんとするを継ぎ、傾かんとするを扶く」とあるが、惺窩先生は今日にひきつけてこれをどう思われるか…。つまり兼続は、自分は豊臣を助けるために家康打倒の旗を揚げるつもりだがどうか、と堂々と聞いたのだ。ちなみに惺窩は家康を買っていた。惺窩はこれに応えず黙って去り、軒先で「天心未だ禍を悔いざるか。億兆の生霊再び塗炭の苦を受けん」（天下は再び乱れるのか、人民はまた苦難にさらされる）と呟いた。あとでこれを聞いた兼続は「惺窩先生賢人なれども、男児にあらず」と言ったと伝えられている。

明治期に直江兼続再評価に功あった福本日南はこう論評している。「思うに兼続の急する所は則ち義なり、悍窩の憂うる所は則ち仁なり。その執る所のものは同じからずといえども、兼続が一片耿々の誠、天に愧ずるなきや、之に観て知る可きなり」(『直江山城守』明治四十三年刊)。

「仁」は、とかく「利」の隠れ蓑になりやすく、既成権力の正統化に利用される。「義」にも、現実を無視して理想主義に討ち死するのを快とする危惧が付きまとう。兼続のライバル伊達政宗の「義にすぎれば固くなり、仁にすぎれば弱くなる」という言葉に真理がないとは言い切れない。

惺窩の「仁」の立場は儒学的には間違いではないし、兼続の「義」の立場も正しい。しかし結果から見れば、兼続の義挙は敗れ、ついには大阪の陣に出師し豊臣氏滅亡に加担することを余儀なくされた。このときの景勝、兼続主従の心中を伝える記録はないが、これは昔から私が最も知りたいところだ。

さて、蹉跌した兼続の「義」をどう評価するかは、畢竟その人の気質の問題であろう。義を好む気質は陽明学の知行合一の行動主義に行き着く。陽明学は結果よりも行動を尊ぶ。私は気質的にこちらの方で、陽明学徒の端くれを以って任じている。私が好きな歴史上の人物や政治家も大体この系譜の人たちだ。吉田松陰、西郷隆盛…、そして師匠筋の石橋湛山。一言でその共通点を表現すれば「戦う知性」ということになる。

先の兼続の言葉を今風に言えば、「惺窩さんは所詮評論家ですね」といったところだろう。そこには石橋湛山の「いくら人格が立派で、知識、見識があっても、あのトラックの上に乗って、選挙運動する勇気のないやつはだめなんだ」（『日本週報』昭和二十九年一〇月五日号）と、全く同じ知行合一の精神がある。

関が原の戦いが東軍勝利に終わったあと、兼続は上杉の社稷を守るために命がけで敗戦処理に当る。上杉家は反徳川戦争の首謀者であったにもかかわらず、家禄を三十万石に削られただけで存続を許された。そして兼続は関が原の敗者として自らに残された二十年の余命を捧げて米沢上杉藩の経国済民に尽瘁する。その後半生は仁者の境涯というにふさわしい。

直江兼続は、その生まれる時と場を選べば、秀吉の言うように「天下執柄の人」となっていたかもしれない。しかし彼の戦いの場は、いつも中原を遠く離れた北陸や奥羽の小天地だった。堂々反徳川の旗を上げ、会津盆地に家康を引き摺り込み乾坤一擲の大勝負を仕掛けようとの壮図も、ついに画餅と帰した。

しかし直江兼続の偉大さは、終生局地戦を戦い、辺境を活動の場としながらも、常に天下を睨んでいたことだ。仁義を重んじ、理想の天下を構想しながら、辺境に戦い続け、そして敗れた。そういう時代の脇役を現代の日本人はどう評価するのだろうか。

「利」優先のグローバリズムの時代がようやく終焉しようとしている。「義」の人直江兼続が大河ドラマで取り上げられるのも時勢と言うべきか。ＮＨＫのホームページを見るとこんな大仰な文句が躍っていた。

「『利』を求める戦国時代において、『愛』を信じた兼続の生き様は、弱者を切り捨て、利益追求に邁進する現代人に鮮烈な印象を与えます。大河ドラマは、失われつつある『日本人の義と愛』を描き出します！」

結構なことだ。受信料の支払い甲斐があるというものだ。

石田三成

平成二十一年一月十六日

今回は直江兼続と共に反徳川戦争を首謀した石田三成について触れたい。

人々が利を追って動いた戦国時代に、義を掲げて立った三成と兼続。一見似ているようだが、この二人の気質は大いに異なっている。

二人とも「反徳川」の旗を掲げることが「義である」と判断し、行動したわけだが、その正義の判断の基準というか内的な規範が違うという印象を受ける。誤解を恐れずに言えば、兼続が孔孟的な「仁義」に由っているのに対して、三成は韓非子的な「法」に由っている。石田三成とは「『儒家』的教養のなかで育った『法家』的気質の人」というのが、私の昔から変わらない三成イメージである。

儒家（と言っても法家に近い荀子もいるがここでは孔孟の流れをいう）は、親子、君臣の間の情を尊び、人間の善性についての信頼に基づいて政治を構想する。法家（と言っても儒家も評価する管仲もいるが、ここでは韓非子をいう）は、人間性への不信を根拠とし、政治から情義を廃し、徹底的な法に基づく支配を良しとする。

『論語』にこういう話が出てくる。葉公という人が自分の領地が良く治まっているのを誇ってか、父親が羊を盗んだのを子が訴え出てきた、誠に正直者だ、と褒めた。孔子は、自分はそれは正しいこととは思わない。父は子を庇い、子は父を庇う、これが本来の正直ということであり、人のあるべき姿だ、と言った。この葉公の話が『韓非子』にも出てくる。もちろん韓非子は、親を告発した子の行動を是とし、もし孔子のように親子の情（孝）を重視し法を軽視すれば国家の秩序は保てないと批判する。

どちらにより共感するかは気質の問題ということだ。『韓非子』は非常に面白い書物で人間を理解する上で魅力的な内容に富んでいるのだが、私の気質にはどこかそぐわないものがある。

司馬遷は韓非子について「その極まるところ惨にして恩少なし」（『史記 老子韓非列伝』）と言っている。法家的人間観による政治を突き詰めていくと、本来統治の「目的」であるはずの人間がいつのまにか統治の「手段」とされ、体制の維持そのものが自己目的化してしまい、民衆は体制への無条件の服従を強いられ悲惨で恩愛のない境涯に陥ってしまう。司馬遷はそう危惧したのである。

実際私たちは、そう遠くない過去に韓非子的国家を実際に見てしまった。スターリンのソ連や文革期の中国では、反革命の罪で近親や同僚が告発しあう相互監視社会が現実に存在したのである。

政治家には、儒家的気質の人と法家的気質の人がいる。現代でいえば、「政治とは愛である」と代表質問で言ってのける某党幹事長などは前者の典型であり、目的に合わなければ平然と側近を切って捨て、勝てそうもない候補は容赦なく差し替えるという某党党首などは後者の例だろう。彼らが実際に孟子や韓非子を知っているということではない。あくまで彼らの気質の問題だ。

さて、石田三成は少年時代に寺にいたとの伝承もあるくらいで、当時としてはかなりの教養人だった。その学んだ教養も儒教的なものであったと思うが、元来の三成の気質は法家的なものだと感じる。

それは反徳川文書として名高い『直江状』と『内府ちかいの条々』を比べると明らかだ。『直江状』は、後世の偽作との説もあるが、いかにも兼続らしい颯爽とした内容だし、表現も巧みで情に響く魅力的な文学だ。『内府ちかいの条々』（「内府」は内大臣家康、「ちかい」は「違い」つまり法令違反の意）は、増田長盛、長束正家、前田玄以三奉行による家康弾劾文書だが、三成の筆になるものであり（当時三成は五奉行を罷免されていた）、その内容は十三ケ条にわたって家康が秀吉の遺法を破った事実を列挙し、糾弾している。検察官の起訴状のように無味乾燥な文書だが、家康がなぜ悪いかは明瞭に理解できる。これを読めば後に徳川御用学者がいくら擁護しても、家康が簒奪者であったことは歴然としてしまう。

実力がものをいう戦国の世で幼君が天下を維持するなどそもそも無理がある。天下を家康に譲って、豊臣家を一諸侯として残すという道はごく現実的な選択肢であり、おそらく北政所はそういう現実的な構想力の持ち主だった。それは豊臣「家」を守るという観点からすれば自然な道だったろう。しかし三成の守ろうとしたものは豊臣「体制」であった。

三成にとっては、秀吉の遺法（豊臣体制）を守ることが正義であり、国家安寧の道であり、また自らの政治的将来を保障するものであった。その遺法を真っ向から否定する家康は国家の賊ということになる。それが『内府ちかいの条々』の思想であり、三成の法家的気質の現れと言うべきであろう。

法家的気質の政治家は、まず、法の支配が行き届いた厳格な秩序の愛好者だ。もちろん法と言っても現代的な法体系があるわけでなく、君主の好みがそのまま法になっている場合がほとんどなのだが。

戦国時代の法家的気質の巨大な存在に織田信長がいる。はじめて上洛した信長は、兵たちの乱暴によって人心を失うことを恐れて「一銭斬り」という命令を出した。一銭でも奪ったものは斬首というすさまじい法だが、これによって織田軍の秩序は保たれ、都びとは信長を信用した。三成も豊臣政権の執政官として厳しく法を執行した。脆弱な豊臣体制を維持するには、厳格な法の執行により、秩序を維持するしかないというのは分からなくはないが、彼があまりにも厳格な法の執行者であることは、同僚大名たちの反感を買わずにはいられなかった。

信長もそうだったが、三成も、人間を「機能」面でしか評価できないという、法家的体質の政治家につきまとう欠点の持ち主であった。自分の政治目的にとって、役に立つか、立たないか、どの程度役に立つか。これだけで人間を評価し、価値を決めてしまう。見方を変えれば、それは能力以外の門地や情実を一切排して人材を抜擢することが出来る長所ということになる。

信長は、秀吉、光秀などを出自を問わず、その軍事的能力だけで登用し、最高幹部に抜擢した。一方、佐久間、林など譜代の臣も、必要がなくなれば弊履の如く放逐した。そこには一片の恩愛の情もない。

三成が始めて大名に取り立てられたとき、石高の半分の二万石を割いて島左近を召抱えたというのは有名な逸話だが、これも美談というより、自己に不足する軍事的能力を補うために島の「機能」を買っただけだと見たほうが正確だろう。二万石で核兵器が買えたら、三成は島左近ではなく核兵器を買ったに違いない。

そして、法家的気質の政治家は、自ら支配する体制の正統性に強い自信を持っているが故に、体制の敵に敏感である。常に相手を敵か味方に峻別する。あいまいな存在が許せない。それは、やがて自分の方から選ぶというより、相手の方が敵味方に分かれていく事態を招く。信長も三成もそういう存在だった。

春秋戦国時代の法家政治家の最期は総じて悲惨なものだった。呉起は射殺され、商鞅は車裂き、李斯は腰斬に処せられた。韓非子自身も李斯に陥れられ毒を仰いで死んだ。絶対君主あっての法家の栄光であり、絶対君主亡き後は四面に敵を受けて没落する。秀吉亡き後の三成が直面したのもそれに似た状況だった。

不幸なことに、三成は、軍事的能力では信長にはるかに及ばなかった。またその地位は豊臣体制の一執政官に過ぎなかった。さらに後天的に身についた儒教的教養が邪魔して、信長のように徹底的に法家的気質を貫くことが出来なかったという面もある。

しかし、三成の、敗れてもなお刑死の直前まで自らの正義を傲然と主張して已まない日本人離れした強靭な法家精神は、長く語り継がれた。徳川三百年の儒学史は三成逆臣説、悪人説を説き続けたが、定着したとは言い切れない。

水戸光圀は「石田治部少輔三成は、にくからざるもの也。人それぞれその主の為にすと云ふ義にて、心を立て事を行ふもの、かたきなりとてにくむべからず。君臣ともによく心得べきことなり」(『桃源遺事』)と評した。後にこれを読んだ西郷隆盛はこう詠った。

東西一決関ヶ原に戦う
鬢髪冠を衝く烈士の憤
成敗存亡君問う勿れ
水藩の先哲公論あり

明治維新は薩長という関が原の敗者による革命戦争という面もあった。維新革命の立役者西郷は、徳川幕府と戦う自分を三成に擬して励ましていたのかもしれない。三成は敗れた。しかしその志は死ななかったのである。

政治責任とは何か

——萩原延寿『東郷茂徳』再読

平成二十一年二月十日

萩原延寿の『東郷茂徳』を再読した。今頃なぜ東郷の伝記を読もうと思ったのか。それは先週（二月五日）の予算委員会で麻生総理が「自分は郵政民営化には反対だった」と語ったことがきっかけだった。

これまでも、麻生氏には、度重なる失言や漢字の読み間違えなどを捉えて宰相の資質を問う声もあったが、私は、その程度のことは名門の御曹司に有りがちな「ご愛嬌」だと思っていた。しかし、今回の彼の発言を聞いたときには耳を疑った。そして「政治家の責任」ということについて、深刻に考え込まされた。

確かに、小泉内閣で郵政改革の担当は竹中平蔵国務大臣であり、総務大臣だった麻生氏が郵政改革に消極的だったのも事実だろう。実際彼は、参議院で郵政改革法案が否決されたとき、「解散して郵政民営化の是非を国民に問いたい」という小泉総理に対して、島村宜伸農相、村上誠一郎行革担当相とともに異を唱えた。しかし結局、麻生、村上両氏は小泉総理の説得を受け入れて解散証書に署名した。最後まで反対した島村農相は罷免され、小泉総理が農相を兼任して解散証書を閣議決定したのである。

郵政解散によって自民党は大勝し、郵政民営化法案は成立した。その第三次小泉内閣で、麻生氏は外務大臣に任ぜられた。また彼を総理の座に押し上げた首班指名選挙も、郵政選挙の勝者たちの議席に因るものだ。彼は、このことをどう考えているのだろうか。

さて、東郷茂徳は、大東亜戦争開戦時と終戦時の外相であり、戦後東京裁判でA級戦犯に指名され、禁錮二十年の有罪判決を受けて、昭和二十五年巣鴨獄中に死した。

萩原延寿『東郷茂徳――伝記と解説』は昭和六十年に東郷茂徳記念会から刊行されたものだが、昨年朝日新聞社から発行された『萩原延寿集』全七巻のうちの一つに収録されている。

この伝記の表題のページには、東郷が獄中で記した「唯一つ妥協したるがくやしくも其後のまがつみ凡てはこれに」（昭和二十四年一月十四日）という短歌が掲げられている。

「妥協」とは何を指すのか。「この『妥協』が開戦時の辞職問題に係ることは、まちがいない」。

萩原は東郷が辞職か留任かに迷った末に留任を選んだ時期を、昭和十六年十一月一日深夜の大本営政府連絡会議のときと推測する。この連絡会議で、対米交渉の継続と合わせて、「交渉不成立の場合は開戦」との方針が決まった。東郷は、彼が辞職しても直ちに親軍派が後任となることは明らかであり、職にとどまって対米交渉に全力を尽くすべし、という広田弘毅の助言に従い留任を決意した。

さらに東郷が辞任する機会は、十一月二十六日に「ハル・ノート」を手にしたときにもあった。東郷はこれをタイムリミットのない最後通牒と受け取った。彼の衝撃は大きく「軍と戦うにも力が入らなかった。殊に軍は開戦を前にして非常な勢いにて、これに対抗する力は到底ありえなかった」と述懐している。このときも東郷は留任の道を選ぶ。辞職しても開戦は必至であり、それが自ら責任者として遂行した日米交渉の失敗によってもたらされた結果である以上、辞職して、他の者に開戦詔書に副署させることを潔しとしなかったのである。

このとき東郷が辞職しなかったことを吉田茂は、当時も戦後も、厳しく批判している。吉田に言わせれば、ハル・ノートは最後通牒ではなく、外相辞任により局面を転換すれば、さらに交渉継続、開戦回避の可能性もあったと言う。

「この対立する立場に関して、筆者は判断を留保すると、ここで書いておく。つまり、東条内閣入閣時からハル・ノート到着までの東郷の苦闘を思うと、容易に判断が下せないという意味である。

しかし、確実にいえることは、戦争阻止という入閣時の目的を果たせなかった苦悩が、その後の東郷の言動、すなわち、戦争の早期終結への努力、とくに第二次外相時代の終戦工作への挺身と不可分に結びついている」

私もこの萩原の東郷評価に同意したい。昭和天皇も東郷外相も、当時の政治状況を考えれば驚異的なねばり強さで対英米開戦を阻止しようと努めた。そして終戦の実現も、天皇と東郷の君臣一体の努力なくしてはなしえなかった。はるか後年昭和天皇は東郷の側近(外務次官)だった西春彦に「東郷外相は終戦の時も開戦の時も、終始同じ態度であった」と賞賛の言葉を贈ったという。

彼は東京裁判で、開戦に抗した自己と外務省の立場を堂々と主張した。時には法廷で軍首脳と激しく渡り合う場面もあった。こうした東郷の法廷闘争に対して、他の被告や弁護団からの批判も起こった。外務省での彼のライバルだった重光葵は「罪せむと罵るものあり逃れんと焦る人あり愚かなるもの」と和歌に託して批判している。

この点についても萩原は、「(裁判を通じて)東郷が描き出そうとしているのは、軍部の圧迫によって弱体化していく外務省の姿」であり「東郷は外務省をかばいすぎている嫌いすらある。東郷は『自己弁護』のために、外務省の存在も無視したという種類の批判は当たっていない」と好意的に評価している。

「東郷の有罪判決は、ひとえに太平洋戦争開戦時の外相という地位によるものである」。彼が対米英開戦に反対したこと、そして終戦の実現に心血を注いだことは誰もが知っている。しかし、彼がいかなる心境であったにしろ、東条内閣の外務大臣として開戦の証書に署名した事実は消えない。

もちろん東郷もそのことを良くわきまえていた。開戦証書に署名した外務大臣としての責任を痛感していたが故に、自らが戦争犯罪人として指弾されることを予期し、東久邇宮内閣への外相留任を辞退したのである。彼は日記にこう書き付けていた。「政治家ハ結果ニツキ責ニ任ゼザルベカラズ、又形式的責任ヲトラザルベカラズ」。

政治史学の泰斗萩原延寿が生涯に著した伝記は陸奥宗光、馬場辰猪そして東郷茂徳の三人のもののみである。そしてこの碩学の筆は東郷に対して暖かい。それは彼が、政治家東郷茂徳の軌跡に「責任倫理の輝き」を見たからであろう。

「結果に対する責任を痛切に感じ、責任倫理にしたがって行動する成熟した人間が、あるギリギリの状況で『私としてはこうするより他ない。私はここに踏みとどまる』と言うとき、計り知れない感動を与えるのである」（マックス・ウェーバー『職業としての政治』）

異見を抱きながら、開戦証書に署名した東郷茂徳と郵政解散証書に署名した麻生太郎。両者は似ているようだか、「責任倫理の自覚」という点において、そのへだたりには天地のひらきがある。郵政民営化に反対だったという麻生総理の告白に「感動」を覚えた人が、果たしていたのだろうか。

最後に、吉田茂の回想録中の東郷批判の一節を引用したい。実は皮肉なことに、この文章は、私が若き日に吉田の回想録を読んだときに、強く感銘を受けた部分なのだ。

「東郷君はもとよりのこと、当時私が接した重臣層をはじめ、政治上層部の誰もがこの戦争には賛成していなかった。国民の大多数もまさか戦争になろうとは思っていなかったであろう。しかるにこれらの重臣層の人々は内心戦争に反対しながら、その気持ちをはっきり主張したり、発言したりしなかった。こんな時にこそ国民性を問われるもので、平素とかく大人ぶったり、知ったかぶったりするくせに、こういう時に言うべきことを言わず、しかして事後において、弁解がましきことを言い、不賛成であったとか、自分の意見は別にあったなどという者が多い……」（『回想十年』）

事後において弁解すべからず——。時流に抗して三国同盟に反対し、戦前戦中を親英米派として貫いた吉田茂の満々たる自負心がこの言を吐かせたのだ。

漫画好きの麻生総理も、せめてお祖父さんの回想録ぐらいは読んでいる、と信じたい。

「美しく咲け、娘たちよ」
――岸要五郎の遺書

平成十九年九月十九日

先日、早稲田大学の同級生である西脇章、吉川宏行両君と飲んだ。三人そろって会ったのは数年ぶりのことだった。若かかりしときの思い出にひたりながら気持ちよく酔った。彼ら二人とは、昭和四十年代の終わりごろ、岸陽子先生のもとで共に中国語を学んだ仲間だった。岸先生も、その夫であられる安藤彦太郎教授も、文化大革命期中国の熱烈な支持者として世に知られていた。そのことの是非について云々することが、今日の主題ではない。

その夜私は、岸先生の父君「岸要五郎」の評伝（衛藤瀋吉『ある無名の先駆者―岸要五郎小伝』）

を三十余年ぶりに読み返した。

岸要五郎の伝記は、私の知る限り衛藤氏のそれしかない。私も岸先生に学ぶことがなければ、彼の生涯について知ることはなかっただろう。彼は戦前期の昭和を生きた無名の一日本国民でしかない。ただ彼の生涯は当時の日本の、また日本人の何かを象徴しているかのようであり、その短い評伝は、今日に至るまで私にとって忘れがたいものだった。

岸要五郎は、「五族協和」「王道楽土」の理想に共鳴し、満州国の建設に献身しようと決意し、昭和七年に渡満して綏中県の参事官となった。以後朝陽県、蘭県などを経て昭和十六年阿城県副県長となったが、終戦後の昭和二十年十二月八日、八路軍（中国共産党）によって銃殺刑に処せられ、四十四年の生涯を閉じた。

その死の直前、自ら追い求めた理想の挫折を眼前にしつつ、こう書き残した。

「渡満の動機。日本と中国が絶対に共同的運命にあるにもかかわらず、双方が真に理解しあえず、盟友たり得ぬことを心から残念に思っておった。満州建国を機に、満州の中国民衆に満腹の赤心を披瀝し、真の友人をつくり、彼らとともに農民の苦を除くため、一生を捧げる決心で県奉職を志願して同志の者と渡満。りっぱな県・農村をつくり上げ、満州建国を通じ、四百余州の有識者に日本人が侵略者ではないことを示し、心から握手のできるようお手伝いする気であった。多難の道でも一生やりぬく覚悟であった。したがって、満州人になりきるつもりで渡満したのだ」

しかし、事志と異なり、満州での現実は過酷なものだった。

「渡満後の現実。あまりにも自分の考えておったこととかけ離れた方向に進む満州国に憤激。憂慮に堪えず建国後今日迄老百姓の味方になり、それらの日本悪と闘争することがすべてであった。今日のこの悲惨な日本の姿は自分で撒いた種と諦めねばならないのだろう。しかし、自分は真誠の日本人として友邦たるべき中国民衆のため、悔ゆるなき努力を捧げてきたことだけは良心に恥ずることなく公言できる」

そして渡満に際しての夢も二つだけは実現した、と言う。

「その一つは日本・満州・中国の架け橋となり得る家庭をつくり、十四年を経たこと。美しく咲け、娘たちよ。」

彼には三人の娘がいた。生れたときの赴任地の名をとって、陽子、蘭子、慶子と命名された。

「いま一つは立身出世を眼中におかず、建国以来、県参事官・副県長で終始したこと、そして明哲保身的な、難を避け易きに就くの行動は一度たりともなかったこと、最後まで県の老百姓のため、働き得たことに心から満足している」

実際彼は、その理想主義的な人格と精神性の高さによって、現地の人々にも、彼を知る日本の人たちにも、清冽な思い出とともに記憶され続けた。

「ますの野にめづらうあがた見せばやと努めし事の仇夢と知る」

彼の遺書はこの歌で終わっている。満州の野にすばらしい共同体（県《あがた》）を作って見せようと努力してきたが、今はむなしい夢と終わってしまった…。

私は、満州放棄論を唱えた石橋湛山の孫弟子であり、当時の日本の軍事・外交政策を肯定的に評価したことは一度もない。その上で言うのだが、ベトナム戦争やイラク戦争に、米国と米国人の善意や理想があったことを全く認めないというのが誤りであるように、満州国についても、貪欲な領土拡張だけが当時の日本と日本人の意識と行動のすべてであったかのように言うのも、また誤りである。

父が処刑されたとき、岸先生は十二歳だった。彼女は父の遺骨を抱いて日本に戻り、「満州国という夢に青春をかけた同志」の一人である夏目忠雄（後の長野市長・参議院議員）に庇護され、少女時代を信州で過ごした。やがて、彼女は父を殺した中国と、生涯、正面から向き合う生き方を選んだ。東京外語大、東京都立大大学院に学び、早稲田大学の教員となり、その教壇から四十年に亘って中国語と中国文学を講義し続けた。この間北京大学の客員教授も務めた。

彼女の講義や訳書によって、中国への目を開かれた若者は、私たちを含めて万余に及ぶであろう。早稲田で初の「女性」教授として話題になった彼女も、今や退官して名誉教授となった。

彼女は夏目忠雄の追悼文集（平成十二年）の中で、こう語っている。

「いつの世にも歴史の記述は過酷である。そこからこぼれてしまった個々の人間の詩と真実を拾い起こしていくのが文学の仕事であるとすれば、私には日本と中国の屈折した歴史のひだに埋もれてしまったおじ様（夏目）や父たちの詩と真実を何らかの形で書き残しておくという宿題が残されている」。

しかし七十三歳の今日においてもなお、彼女は、未だこの「宿題」に取り掛かれずにいるように見える。この宿題はそれほどに重い。

私たちが岸先生に中国語を習ったのは、彼女がまだ四十歳のころだった。あれから三十有余年の歳月が流れ、二人の友も、私も、白頭の老書生となった。挑戦と蹉跌を繰り返す私の政治人生に長年にわたって付き合い、倦むことなく物心両面で支えつづけた二人の友人と語るうちに、なぜか「岸要五郎」の生涯と、彼の志を継ぐ人たちのことを思い起こしたのである。

新人の論理

平成二十年十月一日

総選挙が目睫に迫っている。選挙の季節になると、昔、長野で田中秀征さんの選挙を手伝っていた頃のことを思い出す。

泡沫候補だった彼と一緒に戸隠の山の中を個別訪問して歩いた時の空の青さ、手伝う人もいない事務所で夜半ひとりぼっちで宛名書きをしていた時の焦燥感、そして五度目の挑戦で初当選した時の熱狂…。今でもまざまざと蘇ってくる。

本当のボランティアで、交通費も貰ったことはなかった。他に専従者がいなかったので、いつも裏方で事務所に詰めきりだったのだが、あるとき決起大会で弁士が足らなくなり、窮した司会者から「秀征さんの一番弟子、早稲田大学大学院生中島君！」と突然指名されたことがあった。壇上に駆け上がって「私は東京から手伝いに来てますが、秀征さんに頼まれて来ているんじゃありません。私のほうから『手伝わせてください』とお願いして来ています。日本にとって本当に必要な人だと信じてるからです」と怒鳴り上げるや、満場からヤンヤの喝采を浴びた。とても嬉しく、満足だった。あの時何であんなに嬉しかったのだろう。若かったということだろうか。

私の青春時代は、田中秀征とその選挙の思い出と分かちがたく重なり合っている。今でも「理想の政治家は」と問われれば、躊躇なく「田中秀征」と言うだろうし、自分の人生で最も影響を受けた人物をひとり上げろといわれれば、間違いなく彼の名を上げる。

田中秀征氏は、東大、北大を出ると石田博英元労相の秘書となり、昭和四十七年三十二歳で、故郷の長野一区から立候補した。二世でも資産家でもない。全くの徒手空拳だった。四回の落選を経て昭和五十八年に五度目の挑戦で初当選した。が、六度目にはまた落選。その後二度連続当選した。

この間が、自民党の大分裂と細川政権誕生、自さ社連立政権に至る激動期にあたり、彼が新党側の指導者として一躍脚光を浴びた時期だ。細川政権樹立の立役者となり、自さ社連立の橋本内閣では経済企画庁長官に就任したが、平成八年秋の総選挙（彼の九度目の挑戦）で敗れ、事実上政界を引退した。

彼は、革命家肌の政治的天才であり、時運に恵まれれば宰相の印綬を帯びていたかもしれない。しかし実際には、信州の名門小坂財閥の地元で、小坂善太郎元外相、同憲次元文相父子との熾烈な選挙戦に人生の多くを費やし、抱負経綸を実行する暇があまりにも少なかった。それは彼自身にとっても、日本の政治にとっても、不幸なことだった。

彼は、自己が信ずる理念によって世の中を造り変えたいという強固な意志をもった人だった。そして、そう欲するにふさわしい類稀な洞察力の持ち主だった。しかしそうした政治的人格としての特異な個性は、利権政治の時代（中選挙区制度下）にも、ポピュリズムの時代（小選挙区制度下）にも、適合的なものではなかった。彼を真に必要とする時代があるとすれば、それは大きな危機と混沌の革命期しかないのである。

私は、彼が無名のころから大臣になるまで、初めは学生ボランティアとして、後には秘書として、ずっと傍らで見てきた。私は、現職のときや政党のトップのときの田中秀征よりも、泡沫候補時代の彼に大きな魅力を覚えている。彼は言う。「落選を重ねて学んだことの方が、大学で学んだことよりもはるかに大きかった」と。そして私も、落選を続けていたころの彼に学んだこと、彼から聞いた言葉を、今も人生の貴重な資産にしている。

四度目の落選を喫した頃だったろうか、彼は、私に語るともなく、独り言のように言った。自分はいつも「新風」とか「新流」とか「新」であることを強調して戦ってきた。しかしこれだけ落選が重なると人々が自分を「新人」とは認めなくなるのではないかと恐れる。人々が自分を新人として認めなくなれば自分の存在意義は失われる…。

挑戦と挫折を繰り返す自己が果たして「新人たりうるか」。その時田中秀征は自らに深く問うていたようだった。しかし、私は、幾たび落選してもなお、志を失うことなく戦い続ける彼から、新鮮そのものの気を感じ続けていた。私がそのことを言うと、「そうか！」とひどく喜んでくれた。

彼に『新人の論理』と題する一文がある。「新人とは何よりも打開への意志である。既成の技術や選挙構造を矮小化し、それを真実圧倒しうるのは、ただに時代の意向を満身に受け止めた強靭な意志力のみである。それは、状況を変えることはあっても決して状況に変えられることはない。そしてこの意志の一途な直進過程が、自動的に既成政治の構造を粉砕し、その体質を根底から変えていくのである」（『自民党解体論』所収）。

私は今、福田前首相に挑戦する群馬四区の候補者となることを求められている。私は、「日本と群馬の民主政治のために戦う」という決意はいつでもしている。しかし、再び群馬四区の候補者になることにはかなりの躊躇があったのも事実だ。それは、よく言われるような、当選する可能性があるとかないとか、党内の腐敗左派勢力が足を引っ張っているとか、そういうことではない。

あるのは、「中島政希は新人たりうるのだろうか」という自らへの懐疑だけだった。挑戦と蹉跌の経歴しか持たない五十五歳の老書生の戦いが、果たして変革的意義を持つものとして人々に受け止めてもらえるだろうか、と。
しかし、そうした逡巡の暇はもうない。新人の条件が何よりも「打開への意志」であるとするならば、あとは戦いの中で結論が出るだろう。

戦いなければ哲学なく
哲学なければ展望なく
展望なければ決断なく
決断なくして政治なし

これも昔、田中秀征さんに聞いた言葉だ。戦いも哲学も展望も決断もない日本政治の現状を打開するために、私は、いま一度戦いの先頭に立つことを決意した。

補章　「中」日本主義の時代へ

戦後日本の保守主義の目標とするところは、敗戦によって失われた大日本帝国の栄光を取り戻すことであった。言い換えれば大国化の追求だった。

ポール・ケネディは、軍事力と経済力を兼ね備えた国家のことを大国と定義した。第二次世界大戦後で言えば、その軍事力とは、究極的には核兵器の保有に行き着く。敗戦と占領に遭遇した保守政党の領袖たちは、そのことをよく承知していた。

もちろん、経済復興を優先する吉田自由党の流れと、より直截的に再軍備の必要性を説いた鳩山民主党の流れの相違はあったが、歴代保守政権の首相は、鳩山一郎や岸信介はもとより、池田勇人も佐藤栄作も、軍事力の意義について明確に認識していたし、可能であれば核兵器を持ちたいと思っていた。戦前に小日本主義を提唱し植民地放棄論を説いた石橋湛山も、サンフランシスコ講和後の戦後政界では芦田均とともに再軍備の熱心な鼓吹者だった。岸内閣時に表明された核兵器についての政府見解（自衛のためであれば核兵器の保持も合憲）は今も変わっていない。

しかし米国をはじめとする連合国による戦後秩序の中で、敗戦国家日本が大国化を実現することは容易なことではない。

だから戦後世界秩序の制約の中では、軍事的政治的大国化志向はひとまず置き、「経済」大国たることが国際的な政治地位向上にもつながると仮想して、ひたすら経済成長に専念するしかなかった。

保守主義者の多くが疑いも抱かず大国化の指標と考えたのが、国際的には「国連常任理事国」となることであり、国内的には「原子力」技術の開発であった。

常任理事国入りの挫折

国連の安保理常任理事国こそは、国際社会における指導国家の地位であり、大国化を目指した戦後日本の象徴的目標だった。外務省は長年にわたりそのために膨大な人的資金的労力を費やしてきた。国民も経済大国にふさわしく国連での指導的地位を占めるのは当然の成り行きと考えていた。しかしそれが幻想であったことを、時間はかかったが、国民も徐々に気がついてきた。

冷静に考えればそれが不可能に近いことがすぐわかる。常任理事国は第二次大戦の戦勝国であり、核保有国である。経済力（国連分担金の額）を常任理事国の基準にすれば次々と有資格者が増えてしまう。五大国がその特権を放棄するような選択を進んで行うようなことはあり得ない。そして、常任理事国になりたがる国の近隣諸国は、感情の面からもまた実利の面からも反対に回る。

今年、常任理事国入りを目指す日本、ドイツ、インド、ブラジルの四国（Ｇ４）が国連総会に提出しようとした安保理改革案は、韓国、イタリア、パキスタンなどのコンセンサス連合（ＵＦＣ）をはじめとする広範な反対によって、提出断念に追い込まれた。Ｇ４案に賛成したのは成立に必要な三分の二（一二八ヶ国）をはるかに下回る八十ヶ国弱。これに対して今年五月にローマで開催されたコンセンサス連合による反Ｇ４会議には一二〇ヶ国が参加した。賛成に回るかと思われていたアフリカ連合諸国（五四か国）も、中国の攻勢の前に次々と切り崩され、賛成したのは十二ヶ国にとどまった。

中国は今年三月の政府間交渉において「安保理の正当性は第二次世界大戦の戦果に基づく。中国は、安保理改革の名の下に第二次世界大戦の結論に疑問を呈する試みに断固として反対する」と明快に主張した。

ＵＮＩＴＥＤ・ＮＡＴＩＯＮＳが「連合国」である以上当然の主張であり、敗戦後の日本がそれを「国際連合」と訳して、あたかも公正で全き新国際組織が戦後世界に誕生したかのように対応してきたことは、敗戦を終戦、占領を進駐、軍隊を自衛隊と言い換えるのと同様、自他を欺くものに他ならない。

第二次大戦の戦勝国グループである常任理事国に敗戦国の日本が入ることは至難のことだ。不可能に近い目標を達成するために、われわれは連合国正統史観を受け入れ、長年にわたり世界で二番目に巨額の国連分担金を拠出し続け、世界各国にＯＤＡを配り続けてきた。こうした努力は、結果として常任理事国に入りにはほとんど効果がなかった。労多くして功少なしとは、国連常任理事国入り外交のためにあるような言葉だ。

原発推進政策の陥穽

同様のことは「原子力の平和利用」についてもいえる。戦前戦中を通じて軍部が進めてきた原子力研究は、占領期の日本では禁じられていた。

「私は二十六年（一九五一年）に来日したダレス特使に、独立後は原子力の平和利用を制限しないよう特に要請していた。『二十世紀の最大の発見』の平和利用を講和条約で禁止されたら、日本は永久に四等国に甘んじなければならない。これを憂えたのである」（中曽根康弘『政治と人生』）。

戦前日本は第一次大戦の戦勝五大国として国際連盟理事国であり、自ら以って世界の「一等国」と自負した。中曽根は独自の原子力技術を開発することが、「一等国」に復帰する道だと認識していたのである。

実際、戦後日本の原子力研究と原発の実用化は岸内閣時代に本格化し、岸内閣で相次いで科学技術庁長官となった正力松太郎、中曽根康弘らによって強力に推進された。

岸は首相時代に東海村の原子力研究所を視察した時の心境をこう回想している。

「原子力技術はそれ自体平和利用も兵器としての使用も共に可能である。どちらに用いるかは政策であり、国家意思の問題である。…平和利用にせよその技術が進歩するにつれて、兵器としての可能性は自動的に高まってくる。日本は核兵器は持たないが、潜在的可能性を高めることによって、軍縮や核実験禁止問題などについて、国際の場における発言権を強めることができる」(『岸信介回顧録』)

東日本大震災後、マスコミ報道でも事の本質がようやく明らかにされてきたが、原子力発電もまた、大国の必須の条件たる核兵器保有を究極の目標として、その潜在的能力を確保するために、政治主導で構想され推進されてきたのである。

それは核保有国側に警戒心を惹起せしめずにはおかない。核不拡散条約(NPT)の含意するところは、戦後目覚ましい経済成長を続ける日独両国の軍事(核)大国化を阻止し、連合国の政治秩序の中に封じ込めることにあった。それ故核不拡散条約については歴代保守政権内部に強い異論があり、昭和四十五年の調印までに七年、さらに調印から批准まで六年の歳月を要したのである。

NPT体制の頸木のもとでの原発推進政策は、日本の大国化に道を拓くどころか、かえってその政治的経済的自立を阻害する結果をもたらすものだった。

原発の燃料となる天然ウランはカナダやオーストラリアから購入しているが、このウランを濃縮するのにはアメリカやフランスへ運んで加工してもらい、使用済み核燃料は今度はフランスとイギリスで再処理してもらうという仕組みになっている。日本はそれぞれの国と二国間協定を結び、その国の了解と監視を受け続けなければならない。購入、加工、再処理の過程でさまざまな「対日規制」が存在しており、NPT体制下とは日本に核を自由に扱わせないという差別的思想のもとに構築された仕組みと言わなければならない。

核燃料サイクルは、使用済み核燃料を再処理して再利用の道を開き、外国からの規制から脱しようとして構想されたものだ。しかし高速増殖炉や、それがうまくいかないために考えられたプルサーマル計画も、あまりに危険度が高く、他の先進国では手を引いた技術だ。

要するに、戦後保守政権が日本で原発を推進しようとした大きな理由は、原子力の平和利用の名目で核開発の権利を確保しようとするところにあったのだが、実際には軍事上もエネルギー政策上も日本にフリーハンドをもたらすものではなかったということだ。

それどころか、放射性廃棄物は行き先もないまま堆積し、耐久年度を越えた原発が稼動し続けるなど、今回の震災がなかったとしても、日本の原発にいつか大きな事故が起こる危険性は日に日に高まっていた。原発は、立地自治体への継続的で膨大な補助金や事故対策費などを考えれば決して安価ではない。事故続きの高速増殖炉もんじゅは、実用化されないままに毎日五〇〇〇万円もの維持費を要する大変なお荷物と化している。

原子力発電の推進は、大国化という点でいえば、これまたあまりにも労多くして功少ない愚策だったと言わなければならない。

今回の東日本大震災に伴う福島原発事故は、不動の国策として推進されてきた原発、核燃料サイクルの推進路線を転換する絶好の機会である。再生可能エネルギー、または天然ガスなどにシフトすることが、国民の安全に資するだけでなく、政治的軍事的に自由度の高い国家経営を可能にする道である。

優雅なる衰退の時代を

日本の軍事的政治的大国への道を拓くものと期待された経済的大国の地位も、人口規模の大きい発展途上国の経済成長の中で相対化されていく運命にある。

日本は、世界経済に占めるGDP比率で、長年米国に次ぐ世界第二位の地位を占めてきたが、昨年その地位を中国に譲った。そう遠くない将来インドにも抜かれるだろう。

日本経済の低迷、デフレ経済には政策的要因もあるが、その根底には、日本が人口減少時代に入ったという文明史的要因が横たわっている。

日本の人口は平成十七年を境に減少に転じた。今の約一億二七〇〇万人が四、五十年もすると九〇〇〇万人台に減少する。その頃にはインドが一七億人、中国一三億人、米国が四億人になると予想される。現在日本の人口規模は世界一〇位だが、その頃には二〇位以下に転落する。GDPの国際比率も当然低下する。

日本は経済規模の面でも抜きん出た大国であり続けることはできない。

人口の減少とくに生産年齢人口の急速な減少は日本の経済社会の根本的転換を迫るもの

だ。経済大国であり続けようとして、それを外国人労働者の移入によって補おうという誘惑に惑わされないことだ。

そもそも減少する毎年数十万もの生産人口を、すべて外国からの労働力で埋めることは不可能だ。それは一時的な人手不足対策になるかもしれないが、将来に大きな禍根を残す。日本の単一民族国家としての安定した社会秩序に動揺をきたし、日本固有の伝統や文化の維持を困難にする。在日諸民族間の差別や対立、治安の悪化、階層格差の拡大は目に見えている。社会民主主義的政策の下で一見安定社会化しているかに見える西欧諸国での最も大きな不安定要素は移民問題である。外国人労働者の移入には引き続き慎重であるべきだ。

現在、東日本大震災から四ヶ月がたったところだ。この大震災は、日本の政治史に新たな時代を画するものだろう。とくに福島第一原発事故は、国民の意識を大きく変化させた。それは明治期で言えば三国干渉がもたらした国民意識の激変にも匹敵する。それまで平民主義を鼓吹していた徳富蘇峰が国権主義に転向したように、今回の原発事故を契機に、多くの保守主義者が、「反原発」に転向しようとしている。これは戦後日本の保守主義の大きな転換点を画するものとなるだろう。

菅総理の脱原発宣言には、政権延命のためという批判がついて回っているが、私は支持する。大政奉還のように政権延命策から歴史的大政策が生まれることもあるのだ。

戦後保守主義の目標とした「大国」化への希求、それを「大」日本主義と呼ぶとすれば、その夢は政治的軍事的にも、また経済的にも、幻想に終わろうとしている。

しかしそれを悲観的に考えすぎてはいけない。それは日本文明が絶頂期を過ぎ、爛熟から緩やかな衰退の時期を迎えたということであり、日本がただちに経済小国に凋落するわけではない。

平成の保守主義は、時代環境の変化を直視し、新たな目標を定めなければならない。

平成の保守主義の目指すところは、否応なく、「中」日本主義ということになる。それは、われわれが、いかなる文明においても避けがたい衰退の運命を甘受し、優雅なる衰退の時代を築いていこうという積極的な決意を意味する。

その決意の具体的表明こそは、大国の指標のように捉えられてきた国連常任理事国入りを断念し、原発や核燃料サイクルも止めにすることであり、人口減少の時代を文明の必然として受け入れ、厳格な移民政策を継続することである。この自制の中で生きていく。

この決意があれば、日本文明に新たな地平を拓くことが出来るだろう。

私は、一人の平成の保守主義者として、世界最古の王朝を守り、大量生産、大量消費、大量廃棄の経済社会を転換し、国際社会において、冷静に、しかし毅然として発言する国家を築くために、残された政治生涯を奉げ、いささかの努力をいたしたいと思う。

平成二十三年八月十三日　記

解説

「常識」の発露としての「保守」

筒井清忠
（帝京大学教授）

本書はこの十数年の間に著者の書いた論考を収録したものだが、内容は、第一に著者の政治的系譜の原点とも言うべき石橋湛山・石田博英などの政治家を扱ったもの、第二に政治改革のあり方など現代政治の問題点を扱ったもの、第三に近現代日本政治史をはじめとした歴史的問題を扱ったもの、の大きく三つに分けられる。以下では、それぞれの内容の中から筆者が学ぶことが多かった代表的論考を一つずつ取り上げて見ていくことにしたい。

まず第一は、石橋湛山、及び石田博英についての論考である。これらが本書中、歴史的資料として最も有意義な内容であることは間違いのないところであろう。というのも石田博英の政策秘書をしていた著者でなければ書きえぬ内容が多いからである。

とくに「石橋政権と石橋派—石田博英の回想を中心として」は圧巻である。自民党総裁選に石橋湛山が出馬する段階から始まり、著名な二・三位連合による奇跡的勝利、首相になってから辞任に至る経緯、さらには石橋派が解体するまで、が石田博英の直話によりながら丹念に叙述されているからである。

この過程については、当時の新聞記事や多くの関係者の談話・自伝等の資料によりながら、筆者はすでに著したことがあるのだが（拙著『石橋湛山』中公叢書、一九八六年参照）、その際詳細に明らかに出来なかったことで、本書で初めて明らかになったことが少なくないのである。とくに石橋派のメンバーの変遷と人間関係については、本書によって初めて確定することが出来たといえよう。

警視庁特高課長などを歴任した元内務官僚の大物大久保留次郎、四国の海運業という実業界から転じた加藤常太郎、元大本営参謀で「潜行三千里」後政治家となった辻政信、河上肇門下から出発した国粋主義的自由経済論者山本勝市、隠退蔵物資摘発事件で知られた世耕弘一、二・二六事件で刑死した超国家主義者北一輝の弟で哲学者の北昤吉など、石橋派は多士済々であった。一人一人が昭和人物伝の異色ヒーローばかりである。これらの人々が集まるとどのような会話が交わされていたのか、想像するだけで興味津々である。

中でも、石田博英とともに石橋政権誕生に最も力を尽したのは加藤常太郎であったことが本書で初めて明らかになった。が、またそれは以下のような事実を初めて明らかにすることにもなった。

すなわち、石橋内閣退陣の経緯を官房長官の石田は加藤らに十分説明しなかった上、石橋首相から岸信介首相へと内閣が変わった時に石田は大臣に就いたのにもかかわらず、加藤は石橋内閣に引き続き入閣を果たせなかったのだった。ここから加藤と石田の対立が激化し石橋派は分裂することになる。

そして離反した両者だったが、石田は池田勇人首相に重用された後池田死後三木武夫派のメンバーとなり、加藤は佐藤栄作派に入って入閣の道を求めた後三木武夫派のメンバーとなる。ともに三木派に属することになったのである。十年後の第二次田中内閣でようやく参議院当選一回衆議院当選九回六十九歳の加藤が労働大臣として入閣するに至る。これは当時石田が自分に用意されたポストを加藤に回したものだと言われたが、著者の問いに石田は否定して笑うばかりであったという。

これは、政治家の運命の変転の激しさをつくづくと知らされる一編のドラマといえよう。そして石橋湛山のもとに結集した人々の人間性をよく知らしめるドラマともいえよう。あらためてつくづくと惜しまれる石橋の病気退任であり、石橋派の盛衰であった。

そして、著者が石田博英から聞いたという「孤高の哲人政治家ではなかった。大酒飲みで、恐妻家で、多少おっちょこちょいな知行合一の行動人だった」という石橋湛山像も新鮮で忘れがたい記述といえよう。

このところ石橋湛山の評価は高く、著者と筆者らが『東洋経済新報』誌上（一九八五年十一月十六日号『われら三十代石橋湛山をかく受け継ぐ』）で座談会をした一九八〇年代頃に比べると隔世の感があるが、著者も指摘するように、石橋は生身の現実政治家として激しい政争の中を戦い抜いた人である。その言説だけを採り上げて「お説教」の材料に使うようなやり方は、何よりも本人の意志に反することを本書を通して筆者は再確認したことを強調しておきたい。

次に採り上げたいのは、現代政治に対する改革的提言である。現代日本政治の行き詰まりの最大の原因の一つが「ねじれ国会」にあることは誰しも納得するところであろう。が、ではどうすればよいのかとなると答えは見つけにくいところがある。

著者は、二院制を、①貴族院型—イギリス・カナダ、②連邦制型—アメリカ・ロシア・ドイツ、③民主的二次院型—日本・イタリア、の三つにわける類型に基づき議論を展開する。①のイギリスではブレア政権で、上院から世襲貴族が排除されるなどの大改革が行われたが、上院無用論が後を絶たないこと、②は連邦制をとっている国で行われており、下院と選出母体が異なっているので存在意義が認められていること、③のイタリアでは第一院の解散と同時に二院も解散するという形で両院同時選挙制が慣行化しているため「ねじれ」が起きにくいこと、が指摘されている。

イタリアのようにすれば確かに「ねじれ」は起きにくいのだが、そうすると何のために二院制をとっているのかという疑問が多くの人からわいてくる。著者は、デンマークやスウェーデンのように一定の制限のもとに国会の少数派に国民投票請求権などの権限を与えることによる一院制を提案している。

今年一月に北岡伸一東大法学部教授を中心とするグループが世界平和研究所から出した提言「機能する国会を目指して」も、やはり「ねじれ」を現下の最も重要な問題として採り上げて論じている。北岡氏は、この提言を解説した文章で、こうした「ねじれ」が起きて国政が滞るような憲法が出来たことについて「GHQの意図は日本を弱体化させることでしたから、日本が十分、意思決定できなくても構わないということもあったかもしれません」としつつ次のような問題提起を行っている。

すなわち、衆議院と似たような権限を持ちながら解散がない参議院の存在は議院内閣制の趣旨に反しており十全な変革が必要だが、憲法改正は容易でないので、一つには参議院の選挙制度を国民の多様な意志を反映しやすいようブロック別の比例代表制にするなどの選挙制度の改革を行い、二つには両院協議会の構成の改革を含めた院同士による調整のための慣行作り、を提言している（北岡伸一「提言『機能する国会を目指して』が求めるもの」『読売クオタリー』二〇一一、NO.17）。

北岡氏らの提言を踏まえた上で現憲法下で可能な改革を実行しつつ、著者の提言を重く受け止めて憲法改正までを視野に含めた議論を活発化していくことが望ましいと考えるのは筆者ばかりではないであろう。もちろん「言うは易く、行うは難い」が、こうした重層的な構えで手をつけていかなければ最終段階まで行き着かないことも事実ではないだろうか。

最後に、歴史を素材とした論考の中から印象的であったものとして戦前の帝人事件などを採り上げて「司法部の暴走」を問題にした論考を採り上げておきたい。

著者は日本の検事総長以下の検察幹部は、巨大な権限を有しながら国民審査も国会の承認もない存在であること、すなわち主権者国民との接点のない存在であること、を問題にする。これは戦前の司法部の超然性に起因するという。

腐敗した政党政治家に対して、軍部と並んで清潔な司法部・官僚というイメージを平沼騏一郎に代表される司法官僚勢力が作り出し、政党政治を崩壊させ、軍国主義時代が来ることになったというのが、著者の独自な昭和史観なのである。

そうすると斎藤内閣の帝人事件はその象徴ということになる。帝人事件は、一九三三年に主要閣僚、大蔵省幹部、財界人ら一六人が次々に逮捕された事件だが、三年後には全員が無罪となった事件でもある。著者は、青年将校の起した五・一五事件や二・二六事件が大規模な政治テロと呼ばれるのなら、これは司法部による政治テロと呼ぶべきだと、激しくこの事件の司法部の態度を批判している。

そして（主に三谷太一郎氏の研究によりながら）、政党政治の確立を目指した原敬が、軍部とともに超然勢力であった司法部を親政党勢力化することを目指す手段を講じていたにもかかわらず、その歿後後継世代がその継受に失敗したことを問題にしている。すなわち、軍部から田中義一、司法部から鈴木喜三郎を政友会に入会させ、総裁にまでしながら、政党政治を維持する責任を果たさせえず、むしろ政友会を陸軍や親平沼司法部勢力の影響を受けやすい存在にしてしまったことを問題にしているのである。

言うまでもなく著者の主張は現代の「政治とカネ」の問題を視野に入れたものだが、戦前の司法部のあり方を検討しながら現代の問題に迫っていく切り口は実に鮮やかと言えよう。

筆者は、この問題を考察するにあたっては、戦後の吉田茂内閣の犬養健法相の指揮権発動が後の政治に与えた影響を検討する必要性をかねてから感じているが、「統帥権の独立」はさんざん問題にされながら、「司法権の独立」が孕む問題性があまり問題にされてこなかったことは事実であり、改めて検討することの意義を著者の文章から痛感させられたのであった。

そのほか、治安維持法制定時の貴族院での徳川義親侯爵の同法の濫用を危惧した堂々たる演説、石橋湛山の昭和二十年代から三十年代にかけての改憲論、吉田茂の独自の昭和天皇観、東條内閣時の翼賛選挙に大政翼賛会の「非推薦」で立候補した三木武吉らの気概、「豊富な軍事知識を持った実力派大臣の存在なくして」シビリアンコントロールはありえないこと、あわせてベトナム戦争に見るその困難性についての指摘、など筆者は本書から多くのことを教えられた。

冷戦時代と異なり昨今「保守」ということがはっきりしなくなっていることは間違いない。筆者は「保守」というのは「常識」を尊重する立場だと考えている。「常識」を尊重するということは、出来ることとできないこととを見分け、出来ることをやっていくということでもある。ある種の原理主義とは異なり「常識」を尊重する立場には、威勢のよさや人をあっと驚かす派手さはないが、大勢を誤ることなく確実に政治を動かしていくのはそういう立場なのである。その中でも、独特の位置を保持し続けたのが石橋湛山であったが、その系譜に位置する著者の「常識」の現代的発露に期待するのは筆者ばかりではないであろう。

筒井清忠《つついきよただ》　昭和二十三年、大分市生まれ。京都大学卒業、同大学院博士課程単位取得退学。文学博士。奈良女子大助教授、京都大学教授を経て、現在は帝京大学文学部教授。専門は歴史社会学。『昭和期日本の構造』（有斐閣）、『石橋湛山』（中央公論社）、『昭和十年代の陸軍と政治』『近衛文麿』（岩波書店）など著書多数。

中島政希（なかじま まさき）

衆議院議員。昭和 28 年（1953 年）群馬県高崎市生まれ。

群馬県立高崎高校卒業、早稲田大学大学院法学研究科修了後、衆議院議員石田博英（官房長官・労相）政策担当秘書、衆議院議員田中秀征（経済企画庁長官）政策担当秘書、国務大臣政務秘書官等を歴任。新党さきがけ群馬代表、民主党群馬県連初代代表を務める。NPO 法人公共政策研究所理事長。著書に『鳩山民主党とその時代』（東洋出版）などがある。

平成《へいせい》の保守主義《ほしゅしゅぎ》

中島政希《なかじままさき》評論集《ひょうろんしゅう》Ⅱ

著者　中島政希（なかじま まさき）

発行日　平成23年11月25日　第1刷発行

発行者　田辺修三

発行所　東洋出版株式会社

〒112-0014　東京都文京区関口1-23-6

電話　03-5261-1004（代）

振替　00110-2-175030

http://www.toyo-shuppan.com/

印刷　日本ハイコム株式会社

製本　ダンクセキ株式会社

許可なく複製転載すること、または部分的にもコピーすることを禁じます。
乱丁・落丁の場合は、ご面倒ですが小社までご送付ください。
送料小社負担にてお取り替えいたします。

ISBN 978-4-8096-7649-9
定価はカバーに表示してあります。